運命の赤い糸をつなぐ

スピリチュアル ブライダルブック

江原啓之

運命の赤い糸をつなぐ

スピリチュアル
ブライダルブック

はじめに

本当の意味での幸せな結婚へ
みなさんを導いていきましょう

この本のテーマは、ずばり「幸せな結婚」です。よくいわれるように、最近は結婚しない女性が増えています。結婚が人生のすべてではありませんから、本人にとってより良い選択なら、一生独身で通したとしても、何の問題もないでしょう。

とはいえ、多くの女性たちにとって、やはり結婚は最大の関心事だと思います。運命の相手と出会い、誰からも祝福される結婚をし、いつまでも幸せに暮らしたい……。言葉にするのは照れくさくても、心の中でそんな憧れを抱いている人は、決して少なくないはずです。

　スピリチュアル・ブライダルとは、結婚を望み、幸せな結婚生活を夢見る女性たちに、ぼくがお届けするメッセージです。

まだ決まった相手のいない人は、出会いのヒントを探してください。婚約期間中なら、必要な知識や知恵を吸収してください。

また、すでに結婚しているのなら、結婚生活をさらに幸福なものにするために、ぼくの言葉に耳を傾けてほしいのです。

　この本では、出会いから結婚に至るプロセスにしたがって、順に話を進めていきます。あなたが輝かしい人生を歩んでいけるように、一緒にレッスンを重ねていきましょう。

目次

スピリチュアル
ブライダルブック

本書は『Hanako WEST』(2005年2月号～2006年2月号)にて連載された「スピリチュアルブライダル」を加筆修正し、大幅に書き下ろしを加えてまとめました。

第一章

「運命の赤い糸」

赤い糸の伝説は、女性にとって永遠の憧れ。
あなたの運命の相手はどこにいるのか、
その答えを見つけ出すことができるのは、あなた自身なのです。

私の運命の相手はどこにいるのでしょう？

ぼくがカウンセリングをした相談者のなかには、よくそんな質問をする女性がいました。自分の小指に結ばれた赤い糸が、いったい誰につながっているのか、スピリチュアル・カウンセラーであるぼくになら視えるのではないか、と期待しているのでしょう。

まず、先に答えを出してしまうと、初めから定まった「運命の相手」は存在しません。赤い糸の伝説は、ロマンティックな伝説に過ぎないのです。幸せな結婚を実現するためにも、このことはしっかりと頭に入れてください。

人間には、宿命と運命が与えられています。宿命とは、決して変えられない定めであり、運命とは、人の力で変えていける未来です。

そして、結婚は宿命ではなく運命ですから、あなたのたましいが成長するにしたがって、運命の相手も入れ替わっていくわけです。

わかりやすいように、結婚を釣りにたとえてみましょう。あなたの目の前に広がっているのは、宿命という海です。これはあらかじめ定められたものなので、「日本海よりもオホーツク海がいい」といったところで、変えるわけにはいきません。海に泳いでいる魚の種類も、宿命によって限定されています。

一方、宿命の海を泳ぐ魚のうち、どれを釣り上げるかということは、あなたの力で変えていける運命です。防波堤から小さな魚を釣るのも、沖に船を漕ぎ出して、大きな魚を釣るのも、あなた次第です。

私たちの小指には、たった一人の人と結ばれた赤い糸などついていません。その代わり、あなたは赤い糸のついた釣竿を持って、釣り上げるべき魚を探しているところなのです。

出会う相手のなかには、小魚もいれば大魚もいます。どんな人に出会うかは、あなたの努力次第なのです。幸せな結婚をするためには、当然、あなたのたましいの成長が必要不可欠。スピリチュアル・ブライダルは、あなたにとっての最良の相手と出会う方法を伝授するものなのです。

あなたのたましいが成長するにしたがって
運命の相手も入れ替わっていくのです。

Lesson I

スピリチュアル・ブライダル　運命の赤い糸

漠然とした憧れだけで幸せな結婚は不可能。まず、決意を固めて。

　あなたが結婚を考えているのなら、最初にはっきりと決意を固めてください。「結婚して幸せになりたい。そのためには、どんな努力も惜しまない」と、自分自身に強く言い聞かせてほしいのです。

　漠然と夢見ているだけでは、実際に結婚はできません。仮に、成り行きで結婚したとしても、あやふやな気持ちで始まった結婚では、とても幸せにはなれないでしょう。決意のないところに、スピリチュアル・ブライダルはあり得ません。

人は愛を学び、たましいを成長させるために生まれてきます。自分だけを愛する小さな愛から始まり、家族愛や友愛、恋愛といったステップを経て、より大きな広い愛へとスキルアップしていく——。結婚もまた、そのためのプロセスのひとつに過ぎません。

現実の結婚生活は、我慢しなくてはいけないことだらけです。独身だったら、自由に旅行にも行けるし、好きにお金も使えるかもしれませんが、結婚してしまったら、自分だけでは物事を決められなくなります。常に自分よりも相手を優先するくらいの気持ちがなければ、とても円満な家庭は築けないでしょう。

結婚生活のなかで、自分の我を捨てるという経験は、人をより大きな愛に近づけていきます。結婚は、広い愛を学ばせるために用意された、「金鉱掘り」のようなもの。どこまでも土を掘り続ける努力を重ねるうちに、「真の愛情」という、ほんの少しの金を探し当てることができるのです。そうした結婚の本質を、しっかりと理解してください。

Lesson 2

スピリチュアル・ブライダル　運命の赤い糸

夢のある出会いは無用。コンピュータ見合いもスピリチュアルな縁。

結婚という「金鉱掘り」を始める決意が固まったら、次は結婚相手を探さなくてはなりません。運命は自分で作るものですから、ただじっと待っているだけではだめ。素晴らしい男性とめぐり合えるように、積極的に行動しましょう。

これまで、ぼくは度々お見合いを勧めてきました。先に例に挙げた釣りの話でいうと、お見合いとは、沖へ漕ぎ出すためのモーターボートのようなものであり、大きな魚を釣るためには、とても効果的な手段だからです。

お見合い結婚よりも、恋愛結婚の方がロマンティックだという考え方は、まったくナンセンスです。出会いに無意味な夢を持つのは、結婚の意味を理解していないから。大切なのは「運命の出会い」とか、「熱烈な恋愛結婚」とかいった、目先の舞台装置ではなく、あなたがどんな結婚生活を築いていくかという、中身そのものなのです。

もっとも、昔ながらの堅苦しいお見合いがいいかというと、それはそれで値打ちがなくなっています。大企業が簡単に倒産するような時代ですから、釣書の条件で相手を選んでも、あまりアテにはならないでしょう。安易な出会い系サイトはおすすめできませんが、真面目なものなら今はもう、コンピュータで十分です。結婚を前提に、より多くの男性と出会うためのきっかけ作りのひとつとして、コンピュータ見合いを活用してみてはどうでしょう。大勢の登録者のなかから、何人かの候補者が選ばれるのですから、十分にスピリチュアルな縁だと思いますよ。

Lesson 3

スピリチュアル・ブライダル　運命の赤い糸

出会いも波長の法則。素敵な人と結ばれたいなら自分自身を磨くこと。

　ぼくは、よく「波長の法則」という言葉を使います。ひとつの法則として、同じような波長を出している人同士が響き合い、縁を結んでいくという意味です。結婚の場合も同様で、たいていの場合、自分のレベルに合った相手と結ばれるものです。

　身なりにもかまわず、だらしない生活を送っている人には、やはり自堕落な男性しか寄ってきません。あるいは、外見を繕うのに一生懸命で、ろくに知性や品性を磨こうとしない人には、粗野で下品な男性しかつり合わないでしょう。

人が出会う可能性のある運命の相手には、ピンからキリまであるのです。そのうち、ピンの男性と結婚したいと思うのなら、あなた自身が、ピンの女性になるように努力するしかありません。波長の法則がある以上、ピンとキリが結婚するのは、ほとんど不可能なのです。

ただし、世間的なピンと、自分にとってのピンは、必ずしも一致しないので、そこは注意してください。年収や身長にこだわるのではなく、大切なのは人間性を見ることです。

例えば、ぼくがお勧めするとすれば、人間力のある男性でしょうか。先行き不透明な時代だけに、どのような事態に陥っても、前向きに乗り越えていくだけの活力が求められると思います。

夢の王子様を求めても、幸せな結婚はできません。見掛け倒しの王子様はすぐにメッキがはがれますし、偽りの王子様ほど始末に負えないものはありませんからね。

第二章

「愛される秘訣」

男性から愛され、結婚相手として望まれる女性になりたい。
そんな願いを叶えることが、幸せな結婚へのファースト・ステップ。
誰も教えてくれなかった、とっておきの秘訣を紹介しましょう。

私たちには、生まれながらに結びついた、赤い糸は存在しません。定められた宿命のなかで、様々な出会いを繰り返しながら、一人の相手を選び出すのです。それが幸せな結婚に結びついたときに、人は自分自身の選択を、運命の出会いだったと考えるのではないでしょうか。

一方、あらかじめ赤い糸で結ばれた相手がいないということは、自分の力で結婚相手を探す（赤い糸をつなぐ）努力が必要だということでもあります。「そのうち私を愛してくれる男性が現れるだろう」と、のんびり構えているようでは、いつまでたっても結婚はできません。出会いのチャンスを見つけるだけでなく、出会った男性に愛され、結婚相手として求められるようになるためには、それ相応の知恵が必要でしょう。

ぼくがカウンセリングしてきた相談者のなかには、「なぜ自分は男性に愛されないのだろう」と、深刻に悩んでいる女性が少なくありませんでした。素敵な男性にめぐり合えない、あるいは好きな男性に愛してもらえないのは、何か霊障でもあるからではないか——そう考えて、相談に来るのです。

ところが、そういう女性に限って、あまり魅力的には見えなかったものです。不機嫌そうな表情で、ろくに挨拶もしようとせず、語尾を延ばしただらしない話し方で、「悪霊でも憑いているんですかぁ？」などと聞いてくる。ぼくは、必要だと思うときには厳しいこともいいますので、そんなときは、はっきりと答えました。あなたが男性に愛されないのは、霊のせいでもなんでもなく、あなたに魅力がないだけですよ、と。

自分の結婚相手にふさわしいかどうか、女性が男性を見極めるように、男性も女性の魅力を測るものです。一時の遊び相手ならともかく、一生を共にする結婚相手として選ばれるためには、あなたがそれだけの魅力のある女性だと、相手に示さなくてはなりません。スピリチュアル・ブライダルの第一の課題は、まさに愛される秘訣を学ぶことなのです。

愛されるためには
あなたのたましいの価値を
相手に示すことです。

Lesson 1

スピリチュアル・ブライダル　愛される秘訣

当たり前の学びが忘れられた時代にこそ、知性と品性を磨く。

あなたは、すぐに好きな作家を五人あげられますか？　心から感動した映画を五本あげられますか？

そんな質問をしたとき、自信を持って肯定の返事のできる女性が、果たしてどれだけいるでしょう。今の時代、ぼくの目には、知性や教養がなく、文化的な感性を持たない女性が、街中に溢れかえっているように見えてしかたありません。

先にお話ししたように、人と人は「波長の法則」によって出会います。同じような波長を出している人同士が響き合い、縁を結んでいくという意味であり、結婚の場合も、たいていは自分のレベルに合った相手と結ばれます。知性や品性に欠く女性を選んでくれるのは、同じような男性だけ。たましいの価値のある男性に愛されたいのなら、やはり内面を磨いていかなくてはならないのです。

具体的な方法としては、常にエレガントな雰囲気のなかに身を置くことです。今の若い女性たちが知性に欠けるのは、一流のものに接していないから。日常的に洗練された美しいものを目にしていれば、自然に優雅な女性らしさが備わっていくのではないでしょうか。

そういうと、なんだか無理な贅沢を勧めているように思われるかもしれませんが、必ずしもお金は必要ありません。美術館で素晴らしい名画を見たり、図書館で読みたい本を借りてきたり。映画館に行ったり、CDを聴いたりするだけでも、教養は身につきます。ブランド物よりも、文化的なことに詳しい女性に成長してくださいね。

Lesson 2

スピリチュアル・ブライダル　愛される秘訣

外見は心の鏡だから、常に美しい自分を作り出す努力を。

人の内面と外見と、どちらがより大切かといえば、もちろん内面に決まっています。見る目のある男性なら、決して外見の美しさだけに惹かれて、結婚相手を選ぶような真似はしないでしょう。

ただし、外見はどうでもいいのかといえば、やはりそうではありません。外見は心を映し出す鏡であり、人に与える印象を大きく左右する要素でもあるからです。愛される女性になるためには、心と同時に、外見を磨いていく努力も必要なのです。

手始めに、じっと鏡を見てください。今のあなたは、美しい外見をしているでしょうか。顔の造作をいうのではなく、姿の問題です。ぼさぼさの髪の毛で、ジャージをはいて、だらしない格好で寝そべっている……などということはありませんか？　化粧だけは綺麗でも、ろくに笑顔も見せず、脚を開いて椅子に座っていたりしませんか？　鏡に映るあなたは、果たして愛される価値のある女性に見えているでしょうか。

女性は恋をすると美しくなる、というのは、よくいわれるところです。恋愛中は、身なりにも気をつけるものですし、心の高揚が表情を生き生きとさせます。自然に女らしい態度を取るようになるので、それが女性を美しく見せる効果があるのでしょう。

逆にいうと、自分をそうした恋愛モードに持っていくことによって、縁を引き寄せる効果もあるのです。美しい外見は、あなたの心の表われでもあり、素敵な男性に出会うひとつのきっかけになるのです。

Lesson 3

スピリチュアル・ブライダル　愛される秘訣

ニーズに応えられれば、男性からの愛情はいつもあなたのもの。

一人の男性として、ぼくが断言できるのは、「女性が思うほど、男というのは手強い存在ではない」ということです。はっきりいって、男性を「操縦する」のはむずかしくありません。あなたが相手のニーズを的確に理解し、それに応えていくことで、愛情を手に入れることができるでしょう。

これはと思う男性がいたら、知恵と観察力

を働かせて、相手が女性に何を求めているのか、秘めた願望を探し当ててください。彼の言動を注意深く見ていれば、必ずヒントが見つかるはずです。相手の性格によっては、はっきりと言葉にして尋ねてもいいかもしれません。そのうえで、あなたが彼の願望を叶えてあげる努力をすればいいのです。

母親のような愛情で、自分に尽くしてくれる女性を欲しがっているのなら、献身的に世話を焼く。同じ趣味を持って、楽しい時間を共有することに意味を見出すタイプなら、彼の趣味に合わせていく。知的な会話のできる女性を求めているのなら、本を読んだりして、できるだけ知識を吸収する——。

たとえ完璧にはできなくても、自分のニーズに応えようと努力してくれる女性は、それだけで男性にとって愛すべき人になるでしょう。

もちろん、最大限の努力をしても、成就しない場合もあるかもしれませんが、それは最初から脈がなかった証拠ですから、執着する必要はありません。潔く諦めて、次の相手を探せばいいのです。幸せな結婚をするためには、そうした割り切りも大切です。

第三章

「愛を計算する勇気」

あなたの愛する男性は、本当に素晴らしい結婚相手だといえるのか？
結婚を決意する前に、冷静な目で相手を見つめ直しましょう。
スピリチュアル・ブライダルには、ときには愛を計算する勇気も必要です。

宿命の海のなかから、一匹の魚を釣り上げたとき、たいていの人は喜びでいっぱいになります。結婚を望んでいたとしたら、すぐにでも話を決めたくなるでしょう。しかし、本当に幸せな結婚をするためには、ここでひとつの勇気が必要です。その相手が、愛を捧げ、結婚に踏み切るだけの価値のある男性かどうか、冷静に計算してほしいのです。

計算と聞くと、どうしてもマイナスのイメージが浮かんできます。純粋に相手を愛するのではなく、自分の損得ばかりを考えて、ずるく立ち回る……。スピリチュアル・ブライダルという言葉とも、正反対の態度のように思われるかもしれませんが、ぼくはあえて断言します。何の計算もなく始まった結婚では、なかなか幸せにはなれません、と。

世の中には、熱烈な大恋愛の末に結婚したカップルや、勢いのまま一気にゴールインしたカップルがたくさんいます。ところが、そうしたカップルほど離婚率が高いように見えるのは、どうしてなのでしょうか？　ぼくには、一時の情熱に目が眩んで、結婚相手としてふさわしくない人と安易に結ばれてしまったからとしか思えません。

結婚とは、生まれも育ちも違う他人同士が、一緒に生きていくことです。当然、自分の希望ばかりを通すわけにはいきませんし、日常生活のなかで、相手の欠点も見えてきます。それだけに、幸せな結婚生活を手に入れるためには、夫としてふさわしいかどうか、十分に男性を見極める必要があるのです。

また、計算するからといって、その愛が本物でないわけではありません。むしろ、相手の男性を愛しているからこそ、結婚が二人の幸せにつながるように、きちんと考えてみようということなのです。勢いだけで熱くなった恋愛よりも、よほど真摯な愛情だといってもいいのではないでしょうか。

湿気のある木は燃えにくく、乾燥した木ほど激しく燃え上がるものです。一見、クールに見える愛情こそ、長い結婚生活のなかでも色あせない、本当の愛情なのです。

幸せな結婚生活を手に入れるためには、
十分に相手を見極めなくてはなりません。

「三つの欠点探し」で結婚相手としての適正を判断しよう。

では、結婚相手としてふさわしい相手かどうか見極めるには、どうしたらいいのか？ここからは、具体的な計算のテクニックをお教えしましょう。

まず、最初に試してほしいのが、「三つの欠点探し」です。恋愛中は相手の良いところばかり目につくかもしれませんが、すでにそのこと自体、目が曇っている証拠です。人は誰でも欠点を持っているのですから、彼について、あなたが気になる欠点を三つ探し出してみましょう。

　欠点が見えてきたら、次は相手にそれを伝えます。「あなたのこういうところが気になるから、できたら改めてほしい」と、変化を促すのです。頭ごなしに注意しても反発を招くだけなので、あなたからの「お願い」という形で話したり、自然に態度で伝えたり、そこは十分に知恵を働かせてください。

　欠点探しのポイントは、実は欠点の内容ではありません。あなたからの指摘に対して、相手が自分を変えようとしてくれるかどうか、その対応が大切なのです。恋愛期間中は、いわば二人にとって「春」なのですから、そのときにあなたの気持ちをくんでくれないようでは、先行きは見えています。

　まったく自分を変える気がなく、三つの欠点をそのままにしているようでは、結婚相手として問題外。一つか二つは直してくれたけれど、後はそのままだという人も、やはりだめだと思います。三つの欠点を、三つとも直そうとする姿勢を見せてくれてこそ、結婚相手の候補に挙げられるのです。

Lesson 2

スピリチュアル・ブライダル　愛を計算する勇気

客観性が大切だから、第三者の目に映る姿に相手の真実を見つける。

人間は感情の生き物ですから、いくら冷静な目を持とうと思っても、そうそう割り切れるものではありません。まして、結婚を考えるほどの相手に対して、完璧にクールになれというう方が無理でしょう。

そこで、ぼくがお勧めしたいのは、相手の周りにいる人たちに、意識を向けるという方法です。あなたの目ではなく、第三者の目線を通して、客観的に判断するのです。

あなたが結婚を考えている男性には、親しい友達がいるでしょうか？　友達の数ではなく、付き合いの深さや、友達の人柄を見てください。「波長の法則」によって、人は基本的に同じような波長の人と親しくなるものですから、彼が立派な男性なら、友達も良い人たちである可能性が高くなります。逆に、誰とも親しい人間関係を築いていなかったり、あなたが悪い印象しか持てないような人と付き合ったりしているようなら、結婚は慎重に考えた方がいいと思います。


一緒に食事に行ったりする場合に、お店の人に対する態度を見るのも、参考になる方法です。自分が客の立場だからといって、横柄な物言いをする人は、特に要注意。あなたには優しかったとしても、それは恋愛中だからに過ぎません。結婚して日常生活に入った途端、あなたにもお店の人に対するのと同じような、横柄な態度を取るようになるでしょう。

なかには「外面だけはいい」というタイプもいるので、そこは気をつけなくてはいけませんが、やはり一度は第三者の目を意識してみてくださいね。

Lesson 3

スピリチュアル・ブライダル　愛を計算する勇気

結婚には諦めも肝心。だめな相手だと思えば気持ちを切り替えよう。

冷静に愛を計算すれば、当然、マイナスの結果になってしまう場合もあります。相手に対する愛情はさておき、結婚相手としてふさわしくないという結論が出たときは、次の相手に目を向けるというのもひとつの選択です。スピリチュアル・ブライダルには、それだけの思い切りのよさが必要なのです。

例えば、レッスン１の「三つの欠点探し」

を実行し、彼が三つとも欠点を直そうとしてくれなかったら、あなたはどうしますか？
幸せな結婚生活を送りたいと考えるなら、彼との結婚は断念したほうがよいかもしれません。

もちろん、「欠点があってもいい。そんな彼でも好き」だというなら、「ご自由に」とお答えするしかないのですが、代わりに相当の苦労を覚悟しなくてはならないでしょう。

ぼくはよく、「涙目でものを見ないように」とお話ししています。愛情や同情の気持ちから、まるで涙をためたような目で見ていたのでは、物事の真実は見えてこないからです。
「この人は、自分がいないとだめだから」と、問題のある男性と結ばれるような結婚は、スピリチュアル・ブライダルとはいえません。

一人がだめなら、次の相手に目を向けていけばいいのです。あなたの宿命の海には、無数の魚が泳いでいるのですから、見切りをつけ、潔く手放すこともひとつの前進です。溺れる愛は、決して成就しないもの。結婚はゴールではなく、スタートに過ぎないのですから、結婚後の現実を考え、十分に涙をふき取って、相手の姿を見るようにしてください。

第四章

「結婚を決める理由」

結婚相手として望まれる女性と、単なる恋愛相手に終わってしまう女性。結婚への道のりには、そんな分岐点が広がっています。どうすれば結婚に発展するのか、とっておきの秘訣を紹介しましょう。

自分は「彼と結婚したい」と心を決めているのに、なかなか相手がプロポーズしてくれない……。そんな悩みを持っている女性は、意外に多いのではないでしょうか。

けれども、そんなふうに自分勝手に将来を決め付けてしまえるのは、現実を直視していない証拠です。幸せなスピリチュアル・ブライダルを実現するためには、お互いに納得して結婚を決意する必要があるので、相手の気持ちがあやふやだと、いつまでたっても足踏みすることになりかねません。

そこでひとつ、ぼくが指摘したいのは、結婚に対する男女の意識の違いです。一般的にいうと、女性が結婚を「幸せのゴール」だと考えるのに対し、男性は「人生の墓場」だと思いがちです。「幸せになりたいから結婚したい」という女性と、「自由な楽しさを捨てて結婚しなくてはならない」という男性が向かい合うのですから、結婚に対する温度差が生じるのは、当然の成り行きではないでしょうか。

結婚相手として望まれる女性とは、そうした男性の思い込みに打ち勝てる人のことをいいます。結婚の覚悟を決めるように、あなたがうまく演出するのです。愛しているから結婚する、そうでないから単なる恋愛の相手――などと割り切っている男性は、ごく少数のはず。むしろ、女性の側の対応によって、結婚相手と見られるか、恋愛相手にとどまるかが変わってくるのではないでしょうか。

実際の結婚は、幸せのゴールでもなければ、人生の墓場でもありません。あなたのたましいを成長させるための、いわば試練の場であり、新しいスタートに過ぎないのだと、今までに繰り返しお話ししてきましたね？　改めてもう一度、結婚を「金鉱掘り」にたとえた、ぼくの言葉を思い出してみてください。

意中の男性がいるのなら、そのことを彼に理解してもらえるように、精一杯の努力をしましょう。じっと相手の決断を待っているだけでは、いつまでたっても結婚の機会は訪れないかもしれませんから。

結婚に向けて最後の一押しができるかどうか。
それはあなたの演出次第です。

まず「外堀」を埋めていく。
いつの時代にも共通する、
攻略法の基本です。

障害が大きければ大きいほど、愛情は燃え上がるものです。不倫もそうだし、人目を忍ぶ秘密の交際もそう。密室の中に閉じ込もっていると、たいていの人は、それだけでドラマティックな大恋愛をしているような気分になるのです。

ところが、密室の愛情は、激しく燃え上がる反面、往々にしてあっさりと崩れ去ります。

まして、結婚に結びつくような建設的な愛情とは、意味が違います。結婚とは、夫婦が共に人生を歩み、それを公表していくことですから、付き合っているという事実すら公にできないような関係が、すんなり結婚に発展するはずがないのです。

あなたが結婚を望んでいるのなら、できるだけオープンな交際を心がけてください。自分の家族や友人に積極的に紹介し、相手の人間関係にも溶け込んでいきましょう。二人の共通の仲間が増えてくれれば、自然にカップルとしての意識も高まってくると思います。お互いを客観的に見るという意味でも、友人の言葉は貴重なアドバイスになるでしょう。

また、結婚に対する「最後の一押し」をするのも、同性の友人の役割です。彼が結婚を迷っているとき、男友達が「いいじゃないか。結婚してけじめをつけろ」と背中を押してくれたら、これほど心強い味方はありません。ぼく自身、のらりくらりと結婚を避けていた友人に詰め寄って、ゴールインさせた経験がありますからね。結婚に対する男性のマイナスの思い込みを覆すことができるのは、既婚者の男性の言葉なのです。

Lesson 2

スピリチュアル・ブライダル　結婚を決める理由

普段の交際のなかに、自然な形で結婚という感覚を織り交ぜていく。

男性に結婚を決意させるためには、結婚後の生活を、自然な形でイメージさせる必要があります。あなたと結婚したらどんな生活になるのか、彼が想像することのできるような材料を、上手に提供していきましょう。

例えば、いつも綺麗に着飾った女性と付き合っていると、男性は複雑な気持ちになります。恋人としては、綺麗でいてくれる方がうれしいのですが、あまり度が過ぎると、「妻」としては見られなくなるのです。「こんなに大量の服やバッグを買われたら、自分の給料ではやっていけない」と、それだけであなたとの結婚を敬遠するかもしれません。

男性が結婚相手に求めるのは、日常的な安定感であり、癒しでもあります。たいていの場合、恋愛相手と結婚相手とは、価値を見出すポイントが違うので、それをよく理解してください。昔から料理上手な女性が好まれるのも、簡単に「結婚後の豊かな食生活」を想像できるからなのです。

もっとも、男というのはわがままなものなので、恋愛中から所帯じみた姿は見たくない、という気持ちもあります。着飾ってばかりでは、結婚相手として見てもらえないからと、いつもセーターにジーンズ姿では、恋愛のときめきがなくなってしまうでしょう。

半分は女性的な魅力をアピールして、半分は家庭的な癒しの魅力を伝える——。相手の反応を見極めながら、そうしたさじ加減のできる賢さを持った女性こそ、多くの男性が望んでいる、理想的な結婚相手だといえるのではないでしょうか。

Lesson 3

スピリチュアル・ブライダル　結婚を決める理由

相手の心を引き寄せるオーラマーキング法を試してみて。

　さて、本章のレッスンの締めくくりとして、ひとつ、とっておきの方法をご紹介しましょう。誰でもすぐに実行できる、オーラマーキング法というやり方です。

　簡単にいえば、オーラマーキング法とは、自分の持つオーラによって、意中の相手に見えない「印」をつけていくことです。相手に直接触れるのが早道ですが、品物を通してマーキングしてもかまいません。あなたが念をこめて触れた物には、十分にあなたのオーラがこめられるはずです。

恋人同士なら、何かにつけて物の貸し借りをし、プレゼントを贈り合うと思います。そのときに、ただ品物のやり取りをするだけではなく、オーラマーキング法を実行してみてください。

彼のことを思って、一生懸命に作ったお弁当を食べてもらったり、「私の気持ちが伝わりますように」と願いながら、何度も触れたプレゼントを使ってもらったり。それによって、あなたのオーラが、自然に「彼は自分のもの」だとマーキングしてくれるのです。

具体的な品物としては、傘が狙い目です。雨の日には、傘がないと非常に困ります。しかも、雨の降る日は、なぜか物悲しい気分になってしまうもの。そんなときに、あなたがオーラマーキングした傘を使えば、その傘はあなたを象徴する道具になります。つまり、あなたは「役に立つ自分」「心身ともにサポートできる自分」の存在を印象づけることができるわけです。意外に効果のあるこの方法、一度試してみてくださいね。

第五章

「プロポーズの瞬間」

多くの女性が夢に見るのが、プロポーズの瞬間でしょう。スピリチュアル・ブライダルにおいて、プロポーズはどんな意味を持つのか？一生を左右するかもしれない、特別な瞬間について考えてみましょう。

結婚を望んでいる女性にとって、ひとつの夢ともいえるのが、プロポーズの瞬間ではないでしょうか。美しい情景のなかで、心に残るような感動的な言葉と共に、男性から永遠の愛を誓ってもらう——そんなロマンティックなプロポーズを想像している人は、きっとたくさんいるはずです。

しかし、男の立場からいわせていただくと、ロマンティックなプロポーズというのは、ドラマのなかだけのお話です。現実に「そうでなくてはいけない」といわれてしまうと、大変につらい。例外はあるにしろ、たいていの男性はシャイなものだし、なかなか素直になれません。まして、絵に描いたような劇的なプロポーズなど、しようと思ってもできないのです。この本を読んでくださっている女性には、そうした男性の「照れ」をまず理解してほしいと思います。

プロポーズは、結婚に向かうための節目ではあるけれど、大切なのはプロポーズにこめられた心です。本当に尊いのは、あなたと共に生きていこうという、その決意なのです。言葉やシチュエーションにこだわるのは、自分だけを可愛がり、一方的な理想を押し付けようとする、幼いわがままではないでしょうか。

例えば、「結婚してやるよ」といわれたら、あなたはどう返事をしますか？　「何よ、その言い方は」とむきになって怒るのは、相手の気持ちを考えるより先に、自己愛を優先させているからです。彼と結婚したいと思うのなら、明るくおどけて、「じゃあ、私も結婚してやるよ」と答えればいいのです。そういうふうに相手の心をくんで返事のできる女性こそ、愛らしく思えるのではないでしょうか。

ここでは、プロポーズにまつわる具体的な方法をお教えしていきますが、基本にあるのは「相手を愛する心」です。目先の自尊心にこだわらない大きな愛情こそ、スピリチュアル・ブライダルの真髄であり、プロポーズの意味だということを、しっかりと覚えておいてください。

言葉やシチュエーションにこだわらず、
相手の心を引き出すことが肝心です。

Lesson 1

スピリチュアル・ブライダル　プロポーズの瞬間

プロポーズできるだけの環境を整えることが、結婚を決める早道です。

結婚しているカップルに、男性と女性、どちらからプロポーズをしたのか尋ねたら、「男性から」という答えが圧倒的に多くなるでしょう。しかし、ほとんどの場合、実際に主導権を握っているのは女性だと思います。「プロポーズは男性から」という固定観念のために、男性に口火を切らせているだけで、きっかけは女性が作っているはずなのです。

したがって、スムーズに結婚を決めたいのなら、女性の方から、男性がプロポーズしやすくなるような状況を作る必要があります。そのことを知らないと、「いつまでたってもプロポーズしてくれない」と、悩む結果になりかねないでしょう。

効果的なノウハウとしては、まず「静寂を作る」ことです。ぼくは「ホップ・ステップ・ジャンプ恋愛」と呼んでいるのですが、デートをするたびに「娯楽・食事・セックス」というパターンを踏んでいるカップルが多いですよね。だから悪いとはいわないけれど、そうしてパターン化された時間のなかに、プロポーズをする間があるでしょうか。

娯楽も食事もセックスも、物質的な欲望です。悪いとはいわないけれど、それだけで満たされるわけではありません。共に人生を歩んでいくなら、精神的なつながりが大切ですから、せめて三回に一回くらいは、パターンを崩して、ゆっくりと二人で物事を考える時間を作ってみてはどうでしょう。

じっくりと会話をしてもいいし、一緒にお墓参りをしてもいい。そうした静寂があってこそ、男性はプロポーズに踏み込めるのです。

Lesson 2

スピリチュアル・ブライダル　プロポーズの瞬間

相手の意図を聞き返す。その行為を通して、気持ちを伝えるのです。

もうひとつ、男性からプロポーズさせるテクニックとして、「聞き返し」があります。男性が、何か結婚に関係するような話をしたときに、すかさず「それってプロポーズ？」と聞き返すのです。

あなたの質問に対して、相手が「そうだ」と答えたら、プロポーズは成立です。逆に、言葉を濁したり、遠回しに否定したりするようなら、結婚に関してはあまり脈がないということですから、今はまだ焦る必要はないのではないでしょうか。

また、聞き返しには、あなたの気持ちを相手に伝えるという効果もあります。プロポーズではないという返事に、「なんだ、残念」と切り返せば、それは「私にはあなたのプロポーズを受ける用意がある」という暗黙の意思表示になります。男性は臆病で、断られたらどうしようと悩むものですから、オッケーしてくれると事前にわかっていれば、ぐっとプロポーズしやすくなるでしょう。

場合によっては、聞き返しの変形として、女性からプロポーズしてもかまいません。さり気なく「結婚式はどうする？」と聞いてみる。そのときに、相手が「そうだなぁ」と話に乗ってくれれば、結婚の約束ができたも同然です。結婚しているカップルの多くは、実はこんなふうにして結婚に踏み切っているのではないでしょうか。

先にお話ししたように、大切なのは相手を愛する気持ちですから、女性からのプロポーズを恥ずかしいと考えるのは、大きな間違いなのです。

Lesson 3

スピリチュアル・ブライダル　プロポーズの瞬間

プロポーズを受けても即答しないほうがいい、三つのパターンを知る。

プロポーズに関して、最後にいま一度よく考えたほうがいいプロポーズについて説明しましょう。

プロポーズの返事を決めるのは、相手に対するあなたの気持ちのありようですが、それとは別に、幸せなスピリチュアル・ブライダルに結びつかないプロポーズもあります。具体的にいうと、次のようなものです。

①現実感のないプロポーズ

現実に即して結婚生活を考えるのではなく、漠然とした夢の延長としてプロポーズされたときは、本気に取らない方がいいでしょう。無職で収入がなかったり、借金だらけだったりするのに、あなたにプロポーズするような男性は、結婚を現実のこととしてとらえていないはずです。

②欲望重視のプロポーズ

困ったことに、肉体的な欲望を満たすために、プロポーズするような男性もいます。そういう男性は、常に新しい新鮮な相手を求めるものですから、仮に結婚しても、浮気をする可能性が高いでしょう。肉体関係を拒んだとき、嫌な顔をするような男性からのプロポーズは、断った方が無難です。

③不倫相手からのプロポーズ

不倫相手があなたとの結婚を望むのなら、まず自分の結婚生活に決着をつけるのが先決。けじめをつけないままのプロポーズは、あなたをつなぎとめるための詭弁に過ぎません。

以上、こうした三つのプロポーズの場合は、あなた自身の幸せのために、きっぱりと断る勇気を持ってください。

第六章
「幸せに向かう手順」

彼と二人、結婚への決意を固めたら、いよいよ結婚準備の始まりです。幸せをつかむためには、何を大切にし、何を省略すればいいか？スピリチュアル・ブライダルに向けた、具体的な手順を紹介しましょう。

結婚準備というと、すぐに結婚式の場所やドレス選びをイメージする女性が多いようですが、そうした式典の準備は、実はあまり重要ではありません。スピリチュアル・ブライダルでは、式のことをあれこれ考えるよりも先に、しっかりとクリアしておかなくてはならない手順があるからです。

この本では、「結婚はたましいの修行のためにするもの」だと、何度も繰り返してきました。自由で気ままな独身生活を捨て、血のつながらない他人と暮らす毎日のなかで、あなたのたましいを高めていくことこそ、結婚の本当の意義なのです。

したがって、結婚準備とは、たましいの修行に入るための準備を意味します。あなたは、結婚の意義を正しく理解し、相手の人と一緒に暮らしていく覚悟を固めていますか？　結婚後の生活設計について、彼と本音で話し合っていますか？　結婚するだけで幸せになれるはずだと、安易に期待していませんか？最初の手順として、まず自分自身にそうした問いかけをしてみてください。

婚約期間というのは、とても楽しいものです。恋愛感情も高まってくるでしょうし、幸せな夢を思い描いたりもするでしょう。しかし、スピリチュアル・ブライダルを実現するには、プロポーズされたうれしさや、相手を好きだと思う気持ちを、いったんクールダウンさせる必要があります。結婚に向けた準備期間は、本当に相手と結婚するべきかどうかを判断する、最後の審査期間でもあるのですから、恋愛感情に振り回されて、的確な判断を下せないようでは困るのです。

結婚という現実を前に、自分の気持ちを見つめなおしたとき、もしも何らかの戸惑いを感じるのなら、思い切って踏みとどまるのも、幸せをつかむための知恵です。逆に、「自分は大丈夫。心の準備はしっかりとできている」と、自信を持って断言できるのなら、次の手順へと進んでいきましょう。結婚式の準備の前に、何をすればいいのか、ぼくがこれからお教えしましょう。

結婚するだけでは幸せにはなりません。
たましいの修行に入るため
十分な準備をするのです。

Lesson I

スピリチュアル・ブライダル 幸せに向かう手順

プロポーズを受けたら、相手の家族に会うことが必要不可欠の条件です。

彼からのプロポーズを受けたら、できるだけ早く相手のご家族に会いましょう。彼の家族が、あなた自身や、あなたの家族と釣り合っているのか、結婚前にしっかりとチェックしてほしいのです。

よくいわれるように、結婚とは、家と家、家族と家族の結び付きでもあります。結婚する二人が、いくら愛し合っていても、家族と家族がうまく付き合っていけないようでは、後でトラブルになることは目に見えています。

嫁姑の対立で苦しんでいるとか、相手の家族との生活習慣の違いに悩んでいるとか、夫婦の生活設計に反対されるとか……。ぼくの相談者のなかにも、夫婦の愛情とは別の次元の問題に直面している人が、たくさんいました。そうしたトラブルを防ぐには、最低限の手順として、「家の釣り合い」を見極めるしかないでしょう。

もちろん、ぼくがいうのは、世間的な家柄の良し悪しや、経済的な意味での釣り合いではありません。物質的な価値観は、たましいの価値とは別のものですので、この点は誤解しないようにしてください。問題は、その家族が何を大切に思い、どんな日常を送っているかという、生活スタイルなのです。

スピリチュアル・ブライダルでは、結婚相手の男性と気が合うかどうかは、いわば二の次です。それよりも、物事に対する価値観や、生活スタイルが一致しているかどうかということの方が、はるかに重要。愛情に惑わされず、冷静な目をもって相手のご家族にお会いしましょう。

Lesson 2

スピリチュアル・ブライダル　幸せに向かう手順

本来の意味に立ち返る伝統的な結納なら、大切にしてください。

結納の語源は、中国の風習からきているといわれています。中国では、婚姻する際に、両家がお祝いの品々を交換する「結い（＝協力関係）のもの」という儀式が行われており、それが日本に伝わって、結納の原型になったわけです。日本に根付いてからは、地域によって様変わりし、様々な結納の形式が受け継がれています。

実は、スピリチュアルな観点からいうと、結納にはさほど意味はありません。まして、高価な記念品を贈り合ったり、多額の結納金を渡したりする必要は、どこにもないでしょう。形式化した派手な結納など不要なのです。結納を行うのなら、儀式にこめられるべき、本来の意味を大切にしてください。

伝統的な結納では、アワビや昆布など、いくつもの結納品が用意されます。そうした品々は、神様へのお供え物である、「ご神饌」にも使われるものです。つまり、日本における結納には、結婚する二人と、その家族との結び付きを、神様にご報告するという側面もあるのです。そう考えれば、結納の意義も見えてくるのではないでしょうか。

神社にお願いして、古式ゆかしい結納式をあげていただき、神様の前で「二人は結婚を決めました」という誓いを立てるのは、スピリチュアル・ブライダルにふさわしい儀式です。あるいは、両家の親睦を深めるために、ホテルやレストランで簡単な食事会を開くのもいいでしょう。形式にこだわらず、意義のある結納になるように、工夫してほしいと思います。

Lesson 3

スピリチュアル・ブライダル　幸せに向かう手順

結婚の準備期間にこそ相手の器量がわかるもの。ときにはシビアな判断を。

具体的な結婚準備が始まると、どうしても様々なトラブルが起こりがち。相手のご家族と考え方の釣り合いがとれなかったり、結納や結婚式の方法について、意見が対立することもあるかもしれません。既婚者のなかには、「結婚の準備期間中は、本当につらい思いをした」という人も、少なくないと思います。

一方、相手を見極めるという意味では、結

婚の準備期間は、あなたに残された最大にして最後のチャンスです。トラブルが起これば起こるほど、彼の本質が見えてくるからです。

例えば、あなたが希望する結婚式と、彼のご両親が望んでいる結婚式が、かけ離れたものだったとしましょう。ぼく自身は、ご両親の望むような式を挙げるべきだと考えていますが、仮にあなたが納得できず、ご両親も頑として意見を変えなかったら、彼はどう対応するでしょうか？　あなたの味方になって、きっぱりとご両親の要求をはねつけるのか、どちらの希望も生かせるように、折衷案でまとめようとするのか。もしかしたら、あなたに一方的に我慢をさせてことを収めようとしたり、「我関せず」と知らん顔をしたりするかもしれません。

結婚準備に関して、問題が起こったときの彼の対応は、結婚後に起こりうる様々なトラブルへの対応でもあります。将来の夫としての彼のあり方を、準備期間中に推し量れるのです。もしも、あなたが納得できないような対応を繰り返すようなら、思い切って破談を検討するのも、スピリチュアル・ブライダルに向けての手順のひとつでしょう。

幸せな結婚スタイル

HAPPY WEDDING STYLE

I

“結婚” が決まった瞬間から、人生でいちばん幸せなセレモニーのための準備は始まります。結納、リング、挙式、披露宴……。自由に選択できる時代だからこそ、いちばん幸せになれるスタイルを追求しませんか？

スピリチュアルな意味で、守っていただきたい約束事をお教えしましょう。

今、結婚式のスタイルは、とても多岐にわたっています。豪華なホテル・ウエディングもあれば、海外でのロマンティックな挙式や、船を借り切っての船上ウエディングもあります。逆に、友人を集めたカジュアルなパーティーや、入籍だけで済ませるカップルも少なくありません。二人が幸せであり、ご両親が納得しておられるのなら、特に形にこだわる必要はないでしょう。

ただ、形は様々あっても、そこには最低限、押さえていただきたいポイントがあります。単なる儀式としてのありようではなく、スピリチュアルな意味で、守っていただきたい約束事です。せっかく結婚生活に踏み出していくのですから、より幸せなスタートを切れるように、スピリチュアル・ブライダルにふさわしい方法を、結婚式を迎えるあなたにお教えしましょう。

心構え編

結婚式を迎えるまでに二人が納得できるような選択をしていきましょう。

結納について

結納の起源は古く、仁徳天皇の皇子が后を迎えられるとき、贈り物をしたことが始まりだといわれています。その後、公家や武家の間で、婚姻を誓う儀式として定着したものが、今に伝わりました。御酒や昆布、鰹節といった結納の品々も、幸せな結婚を願う縁起物であると同時に、神様に捧げる供物としての意味を持っているのでしょう。

スピリチュアルな観点からいうと、結納にこだわる必要はありませんが、結納をする場合は、必ず本来の意味に沿ったものにしてほしいと思います。神様をはじめ、周りの人々に結婚への決意を伝えるのが目的なのですから、あまり華美な儀式にするべきではありません。まして、結納金の額にこだわったり、無理をして高価なブランド物を贈ったりするのは、本末転倒というもの。大切なのは、「真剣に結婚を誓う気持ち」なのです。

仲人について

結婚式に欠かせないのが、仲人の存在です。仲人は、もとは「なかびと」と呼ばれ、人と人の間に立って、橋渡しをする人のことをいいました。それが転じて、男女の取り持ちを行い、結婚の仲立ちをするのが、仲人になったわけです。

本来、仲人にはお見合いの段階からお世話になるものであり、結婚式のときだけお願いするのなら、媒酌人になります。結納と同じように、スピリチュアルな面から見ると、特に必要ではないのですが、仲人、もしくは媒酌人を立てる場合は、人選についてよく考えてください。

日本の風習では、お中元やお歳暮といった節目のたびに、仲人のお宅に挨拶に行きました。これは、半年、一年と無事に結婚生活を送っていることを報告し、いっそう努力していく決意を示すためです。また、夫婦の間に揉め事が起こったときには、仲人が間に立って、円満に解決するためにアドバイスをする、いわばレフェリーの役割を果たしてくれたものです。

新しく結婚する二人が、人格者として見込んだ方に仲人をお願いし、末永く行く末を見守ってもらえるのなら、素晴らしいことだと思います。

結婚準備編

決めるのも楽しみなリングとドレスですが、
本当の意味をよく考えてから選びましょう。

リングについて

エンゲージリングには、ダイヤのついたものがお勧めです。ダイヤはもっとも崇高な石であり、たましいを浄化し、魔を退ける力がありますので、「大切な婚約者を守るリング」として、ダイヤほどふさわしいものはないでしょう。

また、真珠のリングも、エンゲージリングにふさわしいと思います。深い海のなかで、貝によって育まれていた真珠には、浄化と「育み」のパワーがあるので、これから愛を育てていく人には、ぴったりでしょう。

スピリチュアル・ブライダルでは、誕生石にはあまり意味がありません。むしろ、自分のオーラ・カラーの石がパワーを発揮しますが、これは何もエンゲージリングにしなくてもかまいません。普段からアクセサリーとして身に付けておくといいでしょう。

ドレスについて

ほとんどの女性は、一生に一度の晴れ舞台として、結婚式に豪華な衣裳を着ることを、ずっと夢見ていたのではないでしょうか。それだけに、結婚式には女性が着たいと思う衣裳を着てほしいのですが、やはり白という色だけは外せません。着物にしてもドレスにしても、結婚式のときだけは、純白の衣裳を選ぶようにしてください。

日本人の衣裳のなかで、純白の一色と決まっているのは、白無垢と死装束だけです。どちらも「それまでの自分」を消して、新しい自分に生まれ変わるという意味で、白一色の衣裳に身を包むのです。まっさらな気持ちで、新しい結婚生活をスタートさせる……そんな誓いの証として、白い衣裳は欠くことのできないものだと思います。

もちろん、高価な白無垢やウエディングドレスを着なくてもかまいません。形や価格ではなく、白い衣裳であることが大切なのですから、白いワンピースやシャツ姿でも大丈夫です。

一方、披露宴では、どうぞ好きなものを選んでください。神様の前では、白い衣裳で結婚を誓っていただくとして、後は何を着ても自由ですから、自分のセンスにしたがってください。

結婚式編

こだわるべきところとこだわらないところ。そのメリハリを大切にしなければなりません。

式場選びについて

結婚式はぜひ挙げていただきたいと思います。二人が共に生きていくことを、神様の前で誓う神聖な儀式ですから、そうした手続きを経て入籍することは、スピリチュアルな結びつきを深める意味で重要です。心がこもっていれば、二人で神社にお参りするだけでも立派な結婚式です。

日本に住むカップルなら、基本的には神社での挙式が望ましいと思います。宗教にこだわらず、日本古来の自然霊に対して、二人の将来を見守っていただけるようにお願いするのです。本来なら自分が住む土地の氏神様でしたいところですが、難しいようなら二人が魅力を感じる神社で挙げ、式の前後に氏神様にお参りするとよいでしょう。

また、チャペルの挙式なら、単なるファッションにならないよう、誠実で敬虔な気持ちを持って神様の前に立つことが大事です。

披露宴について

　結婚式とは逆に、スピリチュアル・ブライダルでは、披露宴は必ずしも必要ではありません。神様に誓いを立てた後で、いわば人間たちの楽しみのために催されるのが、披露宴だからです。

　披露宴を催すなら、これまで育ててくれた親御さんへの感謝の気持ちや、お客様へのおもてなしという観点に立って、計画していきましょう。よく「結婚式と披露宴のことで親と対立した」という声を聞きますが、披露宴は親のためにするようなもの。親にすれば子供たちの晴れ姿を見るために、苦労して育ててきたという面もあるのですから、できるだけ親孝行をしてください。

　どうしても自分の理想を通したいのなら、一円も金銭的な援助を受けないのが、筋というものです。それができないのなら、披露宴では親の意見を聞き入れて、二次会で自分たちの希望を叶えるようにしてはどうでしょう。

　会場としては、お客様の利便性を考えて都市部のホテルを利用してもいいし、レストランや結婚式場でも素敵なところがたくさんあります。神社や教会で挙式をしてから、ホテルやレストランで披露宴を催すなど、二人で工夫してみましょう。

第七章

「過去との決別」

婚約期間中、あなたには避けて通れない課題があります。
スピリチュアル・ブライダルを実現するためには、
大切な彼のもとに嫁ぐ前に、きっぱり過去と決別してほしいのです。

ほとんどの場合、婚約中のカップルは、頻繁にデートを重ねます。結婚式を控えて、二人で相談することも選択することも、きっとたくさんあるでしょう。第一、お互いの気持ちが一番盛り上がっているのが、婚約時期ですから、何かと理由をつけては、相手の男性に会いたくなるのでしょう。

ぼくにも、そうした気持ちはよくわかります。ただ、スピリチュアル・ブライダルを実現させたいと考えるのなら、彼と過ごす時間を最優先にしてはいけません。結婚とは、恋愛モードの延長にあるものではなく、しっかりとした決意のもとに、新しい生活に飛び込むことだからです。

結婚が決まり、実際に式を挙げるまでの数か月間は、いわば最後の猶予期間のようなものです。結婚生活を始めるまでに、やるべきことや、踏んでおかなくてはならない手順を踏んでこそ、自信を持って式を挙げられるはず。デートの時間をとる前に、結婚に対する準備が整っているのかどうか、自分自身に問い直してみましょう。

具体的には、まず、過去との決別が必要です。おそらく、たいていの人には過去に何度かの恋愛経験があるでしょう。あなたは、そのときの「恋人」に対して、はっきりと気持ちの整理をつけていますか？　心のどこかで、「できればあの人と結婚したかった」などと考えていませんか？　あるいは、結婚後も関係を清算する気がなく、「夫以外の男性と恋愛をしていたい」と、こっそり思っていたりしてはいないでしょうか？

そうした過去へのこだわりは、スピリチュアル・ブライダルの大きな妨げになります。あやふやな気持ちのままで、安易に結婚生活を始めてしまったら、いったいどうなるのか。あらためて指摘するまでもなく、結果は目に見えています。

幸せな結婚は、過去との決別からスタートするのだということを、この機会にしっかりと胸に刻み込んで、結婚に向けた心の準備を進めてください。

結婚とは、過去の自分と決別し、
新しい縁を結ぶことを意味します。

Lesson I

スピリチュアル・ブライダル　過去との決別

思い出の品を処分し、気持ちのふん切りをつけて嫁ぐのが礼儀です。

過去と決別する早道は、持ち物を処分することです。好きだった相手からもらったプレゼントや、一緒に写した写真、送られた手紙類などがあったら、結婚前に思い切って処分してしまいましょう。捨ててもいいし、売ってもいいでしょう。貴金属なら、石をリフォームしたりして、まったく別の形に変えることもできます。要は、結婚前に、過去の思い出の品を手放してほしいのです。

　なぜ、そんなアドバイスをするのかというと、持ち物の処分を通して、自分の気持ちを自覚できるからです。思い出のプレゼントを捨てられないとしたら、あなたの心のどこかに、昔の恋人に対する未練が残っている可能性が高いと思います。持ち物の処分そのものよりも、いつでも処分できるだけのふん切りがつけられるかどうかが、ひとつの試金石になるのではないでしょうか。

　ギリギリの許容範囲として、嫁ぐときには、思い出の品はすべて実家においていくこと。厳しいことをいうようですが、もしも、それすらできないというのなら、あなたには、まだ結婚する資格はありません。

　もっとも、「昔の恋人には何の未練も感じないけれど、もらったプレゼントには、物として愛着を感じている」というのであれば、持っていても問題はありません。何か良い思い出につながっていて、あなたを元気づけてくれる品になっているのなら、それもかまわないでしょう。物はあくまでも物でしかないので、未練やトラウマにつながっていないのであれば、こだわるまでもありません。

Lesson 2

スピリチュアル・ブライダル　過去との決別

結婚生活を送るときも、カルマの法則によって夫婦の関係が変わる。

世間では、よく結婚と恋愛は別だといわれます。スピリチュアルな観点でいうと、恋愛は感性の学びであり、自分よりも他者を愛するるレッスンです。一方、結婚はたましいを成長させるための試練の場。結婚相手は共に苦難をも乗り越えていく修行仲間のようなものですから、そういう意味でいうなら、確かに恋愛と結婚は別でしょう。

とはいえ、一生を共にする相手と結ばれるのですから、やはり愛情は必要です。恋愛感情のような、情熱的なものではないにしても、精一杯、一〇〇パーセントの愛情を相手に向けることが、結婚における礼儀ではないでしょうか。結婚する相手に対して、自分はどんな形の、どの程度の愛情を持っているのか。婚約期間中に、しっかりと自分の気持ちを見つめなおしてください。

人間関係は鏡のようなものであり、常に「カルマの法則」が働いています。したがって、相手に対して中途半端な愛情しか抱いていない人は、相手からも中途半端にしか愛されません。相手から全力で愛されたいと思うのなら、まず自分自身が、誠心誠意、全力で相手を愛さなくてはならないのです。

婚約期間中に、頻繁にデートを重ねることで湧き上がってくるのは、一時的な恋愛感情です。結婚生活における愛情とは、相手を客観的に見つめたうえで、真摯に育まれるもの。静かに内観する時間を持てないようでは、スピリチュアル・ブライダルと呼ぶにふさわしいだけの愛情を持って、結婚式を迎えることはできないと思います。

Lesson 3

スピリチュアル・ブライダル　過去との決別

物質的価値観を持ち込まないために財産を整理する。

　結婚式を目前にしたら、財産面でも整理をつけておいた方がいいでしょう。スピリチュアル・ブライダルには、物質的な価値観はマイナスにしかならないもの。昔の人が、「手鍋さげても……」といったように、何もないところから夫婦で生活を築き上げていってこそ、心の絆が生まれるのです。

　親から資産を相続していたり、独身時代に

貯金をしたりして、何らかの財産を持っている人は、それを結婚相手に伝えなくてもいいでしょう。最近は、独身時代にマンションを購入する女性も少なくありませんが、その場合は、思い切って現金化してしまってもいいかもしれません。専業主婦になる場合は、自分の収入がなくなるわけですから、自由になるお金が必要です。共働きをするにしても、いつ内助の功が必要な状況になるかわからないのですから、そのときのために大切に貯蓄しておきましょう。

ただ、これは、「結婚相手を信用するな」ということではありません。あるとわかっていれば、どうしても当てにしてしまうのが人間ですから、自分勝手な計算を起こさせないためにも、最初から物質的な価値観を抜き去り、ゼロからのスタートで真実の愛情を育てていってほしいのです。

人は誰でも、自分だけの利益に固執する「小我《しょうが》」を持っています。そして、小我を肥大させる土壌になるのが、物質的な価値観です。お金に振り回されて、夫婦関係に亀裂が入らないように、財産という「危険な芽」は、隠しておくに限ります。

第八章

「美しく輝く花嫁」

誰よりも美しくありたい。人生で最も美しく輝きたい——。結婚式を控えた女性は、きっとそんな願いを抱いているはずです。あなたをより美しい花嫁にするための、スピリチュアル・アドバイスとは？

昔から、よく「人は恋をすると美しくなる」といわれます。自分なりにおしゃれをしたり、美容に気を使うようになったり。そして何よりも、恋をしたときの心の感動が、人を生き生きとさせるのです。

また、結婚が決まった女性も、とても美しくなっていきます。心の内側からにじみ出てきた女性らしさが、自然と外に溢れ出るのかもしれませんね。

結婚式の主役ともいえる花嫁が、誰よりも輝かしい存在になるのは、いわば「女性の特権」のようなものです。せっかく結婚式を挙げるのですから、誰に遠慮することもなく、最高に美しい姿を披露しましょう。

ゆっくりとブライダルエステに通うのもいいでしょうし、無理のない程度にダイエット

をするのもいいと思います。結婚式までの一
日一日を、美しさを高めるための時間にして
くださいい。
もっとも、スピリチュアル・ブライダルで
は、やはり内面が大切です。いくら外見を磨
いても、真実の変化は訪れません。心のあり
ようや、婚約期間中の行動が、本当の意味で
花嫁姿の美しさを左右するのです。

今の若い人たちは、婚約期間中の時間の使
い方が、あまり上手ではないような気がしま
す。恋愛時代と同じように、ダラダラとデー
トを重ねながら、結婚式の日を迎えるカップ
ルがたくさんいます。あるいは、式の準備に
忙殺され、マリッジブルーに陥って、疲れた
顔で式を挙げる花嫁も少なくありません。い
くらエステに通っても、それでは効果は期待
できないでしょう。花嫁は、希望に満ちてい
てこそ、輝けるものなのです。

このレッスンでは、あなたがより美しい花
嫁になるために、いくつかのスピリチュア
ル・アドバイスをお教えします。別段、むず
かしいことではありませんので、外見に磨き
をかける努力をする前に、ぼくからのアドバ
イスを実践してみてください。そうすれば、
結婚式の当日、きっと美しい花嫁となれるは
ずですから。

美しさを最大限に引き出すため、
有効な時間の過ごし方を覚えましょう。

Lesson 1

スピリチュアル・ブライダル　美しく輝く花嫁

歌の一節にあるように、
彼と会わない時間が
愛を育てるのです。

正式に結婚が決まったら、結婚式の打ち合わせなど、必要な用事のあるとき以外は、できるだけ婚約者に会わないようにしましょう。意外に思われるかもしれませんが、それが後々プラスの効果を生むのです。

結婚式が近づくにつれて、相手に対する愛情がどんどん強くなっていくという人も多いでしょう。なかには、熱烈な恋愛の末に、結婚に発展したカップルもいるでしょう。毎日でも会っていたい、デートをしたいと思うのが、人としての自然な感情です。

しかし、これまでにもお話ししてきたように、本当に大切なのは、結婚するまでの時間ではなく、結婚してからの毎日です。大恋愛の末に結婚したカップルが、スピード離婚したりするのは、恋愛期間中に二人の感情がピークを迎えてしまったから。そんな失敗を避けるためにも、上手に気持ちをコントロールして、結婚してからいっそう盛り上がっていくように工夫してほしいのです。

頻繁に会っていると、どうしても相手のアラが目についてきます。結婚式までにトラブルが起こると、マリッジブルーに陥ってしまいかねません。逆に、会いたいと思いながら、会わないでいる時間を過ごすと、相手がますます魅力的に見えてくるはずです。会えない時間が愛を育てる、というのは、本当に人の気持ちをいい当てているのです。

会いたくてたまらなかった相手と、ずっと一緒にいられるようになるきっかけが、結婚式であるのなら、その日、あなたはきっと幸せに輝いていると思います。

Lesson 2

スピリチュアル・ブライダル　美しく輝く花嫁

絶対に守ってほしい婚約期間の鉄則は、別の男性と会わないこと。

行列のできるお店には、お客がお客を呼んで、次々に人が集まってくることがあります。逆に、いくらおいしくとも、お客が少ないお店には、不思議と人が入らないのです。

人付き合いにおいても、同じような法則があります。魅力の有無にかかわらず、モテる人はますますモテていき、モテない人はなかなか交際のきっかけをつかめないのが、現実ではないでしょうか。

そうした法則からいうと、結婚が決まった女性は、モテる周期に入ったことになります。しかも、すでにお話ししたように、婚約期間中は内面から女性らしさがにじみ出ているのですから、異性にとってはとても魅力的な存在のはず。恋愛において、まさに心の機が熟すときを迎えているわけです。

実際、婚約期間中に目移りする女性は、意外に多いものです。「結婚が決まってから、急にモテるようになった」とか、「結婚式を前にして、他の男性と恋に落ちてしまった」とか。別れたはずの恋人と会って、熱心に口説かれたりする人もいるかもしれません。

そんなとき、絶対に「独身時代の思い出に遊んでおこう」などと考えてはいけません。スピリチュアル・ブライダルでは、結婚式という神聖な儀式を迎えるにふさわしいだけの、愛情と誠実さが求められるからです。過ちを避けるには、危険な状態に身を置かないことが何よりです。結婚式まで三か月を切ったら、たとえ親しい友人であっても、男性と二人きりで会わないように。元の恋人にこっそり連絡したりするのは、絶対にやめましょう。

Lesson 3

スピリチュアル・ブライダル　美しく輝く花嫁

内観の時間を持って、ダイヤモンドの輝きにふさわしい女性になる。

表面的な美しさを超えた真実の美しさ、いわば内面からの輝きを身に付けるには、それ相応の自信が必要です。新しくスタートする結婚生活に向けて、堂々と歩み出していく覚悟こそが、美しい花嫁を作り出すのです。

結婚を間近に控えた人は、よくマリッジブルーに陥ります。結婚生活に対して不安を抱き、結婚を決めた自分の判断に自信が持てなくなって、落ち込んでしまうのです。ブルーになり、暗く神経質な表情を見せる花嫁が、人々の目に美しく映るかどうか……。そう考えれば、自信こそが、美しさの源だといっていいのではないでしょうか。

ぼくが、数多くの相談者と面談した経験からいうと、自信を持って結婚式を迎えるためには、相手のルールを知っておく必要があります。あなたの結婚相手は、何が好きで、何が嫌いか。どんなことは許せて、どんなことは許せないのか。どういう結婚生活を築こうと考え、どういう計画を立てているのか。すぐに答えられないようでは、あなたが相手を理解しているとはいえません。人は、自分が理解できないことに対しては、本能的に恐怖感を抱くようにできていますので、よくわからない相手との結婚生活には、不安が生まれるのが当たり前でしょう。

恋愛と違い、結婚はビジネスのようなものです。あいまいなまま契約をする会社がないように、結婚についても、あいまいなまま式を挙げてはいけません。はっきりとしたルールを作り上げてこそ、自信に溢れた美しい花嫁として、新しいスタートが切れるのです。

第九章

「結婚前夜の心得」

様々な準備を終え、いよいよ迎える結婚式前夜。嫁いでいく花嫁は、どんな一日を過ごせばいいのでしょう？スピリチュアル・ブライダルならではの、ゆかしい「慎みの時間」を提案。

残念なことに、日本では、年々離婚率が増加しています。もろちん、別れるにはそれだけの理由があるのでしょうし、絶対に離婚してはいけないとは思いません。やむをえない状況になったら、むしろすっぱり過去と決別して、新しい人生を歩み出すのも、勇気のある決断でしょう。

しかし、結婚が神聖な誓いであり、人のたましいを成長させるための試練の場であることを考えると、やはり一人の人と添い遂げるのも学びです。そのためにも、結婚式を迎えるにあたって、しっかりと「嫁ぐ」という意識を持っておく必要があります。

結婚とは、ある意味で、それまでの自分の生活をすべて捨て去ることを意味します。独身時代のように、自分の意思だけで物事を決めるわけにはいかないし、経済的にも時間的にも、様々な制約を受けます。不自由で当たり前、楽しくなくて当然。夢物語のような結婚生活など、現実にあるはずがありません。

それなのに、十分な覚悟もなく、安易な気持ちで結婚したらいったいどうなるでしょう。ささいな出来事にも我慢できず、結婚前の気楽な生活に戻りたくなってしまうのは、目に見えています。本当に幸せなスピリチュアル・ブライダルを実現するためには、まず自分の甘えを捨て、心身の準備を整えていかなくてはならないのです。

結婚式前夜を迎える女性たちに向けて、ぼくがアドバイスさせていただくのは、「慎み」というキーワードです。最近は、ほとんど死語のようになってしまいましたが、とてもゆかしく美しい言葉だと思います。

結婚式は、神様に対して誓いを立てる神聖な儀式ですから、当然、花嫁は身を慎んで、当日を迎えなくてはなりません。具体的にどうすればいいのか、いくつかその方法をお教えしますので、ぜひ実践してみてください。

慎みを持った花嫁は、結婚式という晴れの場で、誰よりも美しく輝くものですし、誓いを立てた神様からも、きっとご加護をいただけるでしょう。

神様への誓いの儀式にふさわしいように
慎みを持ってあなたの心身を清めましょう。

Lesson 1

スピリチュアル・ブライダル　結婚前夜の心得

娘としての最後の夜。ご両親への感謝を胸に静かなときを過ごして。

結婚式の前夜、誰と、どのようにして過ごせばいいのでしょうか。場合によっては、その選択こそが、結婚生活そのものを左右するかもしれません。なぜなら、結婚に対する心構えは、結婚式前夜の行動に、はっきりとあらわれてしまうからです。

友人たちと盛大に前祝いをし、ひどい二日酔いのまま結婚式に臨んだ……などというようでは、とても一人前の大人とは呼べません。前日までバタバタと準備に奔走するのも、段取りの悪さが不安を感じさせます。また、夫となる人と一緒に泊まるというのも、慎みのある行いではないでしょう。

基本的には、結婚式の前夜は、実家にいて、ご両親と夕食を共にしてください。遠く離れて暮らしているのなら、ご両親とホテルに泊まってもいいし、電話でお話しするだけでもかまいません。要は、それまで育てていただいたことに感謝し、親子が共に静寂の時間を持てるようにしてほしいのです。

昔は、女性が嫁いでいくときは、実家で使っていた茶碗を割って、二度と戻らない覚悟で式を迎えました。それだけの思いがあれば、ご両親の娘として過ごす最後の夜が、とりわけ名残惜しく、感慨の深いものになるのではないでしょうか。逆にいうと、ご両親をないがしろにするのは、十分に覚悟が決まっていない証拠だと思います。

多くの言葉はいりません。ただ、思いを込めて、ご両親の心に寄り添ってください。娘としての慎みは、そのまま新妻としての慎みにつながります。

Lesson 2

スピリチュアル・ブライダル　結婚前夜の心得

大切な神事を迎える前は、自分なりの精進潔斎で心身を清めましょう。

結婚式は、一生に一度の大切な神事ですから、当然、新郎新婦は、神事に臨むにふさわしいだけの準備をしておかなくてはなりません。神様の前で誓いを立てるにふさわしい、スピリチュアルな花嫁になってほしいのです。

日本では、昔から神事の前には精進潔斎を行ってきました。精進潔斎とは、一定期間、飲食や言動を慎み、心身を清めることです。

それを忠実に行ってほしいとはいいませんが、自分なりの方法で、心身を清らかにする努力をしてみてはどうでしょうか。

例えば、結婚式の前夜には、肉食やインスタント食品を避け、野菜中心の食事にしてみる。お酒も量を過ごさず、暴飲暴食しないように慎む。さらに、普通の入浴でかまいませんので、ゆっくりと時間をかけてお風呂に入り、髪や身体を洗っておくことです。

伝統行事には、長く伝わるに足るだけの意義があります。精進潔斎をするのも、神様に対して敬意を払うと同時に、ご加護をお願いするに足る自分になるための、わかりやすいプロセスだったからです。一生に一度、結婚を誓う儀式の直前には、そんな古式ゆかしいやり方をしてみるのもいいと思います。

精進潔斎をした後は、眠る前に心を落ち着け、自分の心と向き合う内観の時間を持ってください。結婚までの出来事を振り返ったり、ご両親への感謝の気持ちを感じたり、新しい結婚生活に思いを馳せたり。なかなか気持ちが静まらないかもしれませんが、自分の心と向き合うことこそ、スピリチュアル・ブライダルへの道なのです。

Lesson 3

スピリチュアル・ブライダル　結婚前夜の心得

式に招かれる側にも、ぜひとも守ってほしいルールがあります。

　本書では、ずっと花嫁になる人に向けて、お話ししてきました。ここでは少し視点を変えて、結婚式に招かれる側の人たちにも、ひとつアドバイスしておきましょう。新郎新婦と同じように、友人として求められるべき慎みについてです。

　お祝いの席に招かれた相手が、仲の良い友人であればあるほど、幸せな結婚をするという事実は、うれしいものです。また、独身時代に比べ、結婚するとどうしても自由な時間が減ってしまうので、その意味では名残惜しい気持ちもするでしょう。結婚式の前夜、新郎新婦と一緒に過ごしたいという気持ちになるのも、わからないではありません。

しかし、結婚式が神聖な神事であり、過去の自分との決別であることを考えると、いかにも不謹慎です。新郎新婦を呼び出してパーティーをしたり、長電話をしたり、いつまでもメールのやりとりをしたりするのは、決して新郎新婦のためになりません。

伝えたいことがあるのなら、事前にいくらでも時間があるはずです。結婚式前夜は、新郎新婦がご両親と過ごすべき大切な時間なのですから、友人としての立場をわきまえ、電話も遠慮するようにしてください。

披露宴ならともかく、結婚式そのものに列席する場合は、あなた自身も、神聖な神事に参加することになります。新郎新婦ほどではないにしろ、心身を清め、慎んで出席させていただきましょう。そうした思いやりこそ、新郎新婦やご両親に対する、何よりのお祝いになります。

第十章

「感動の結婚式」

神様の前で永遠の愛を誓う、厳粛な神事としての結婚式。その瞬間をより感動的にするためには、何を心がければいいのか？誰も教えてくれなかった、具体的な心構えを紹介しましょう。

本当に幸せな結婚生活を送っていただきたくて、重ねてきたアドバイスも、いよいよ大詰めにさしかかりました。新しい人生に踏み込んでいく契機となる、結婚式そのものについてのお話です。

結婚式と聞いて、あなたは何を思い浮かべるでしょうか？　美しいウエディングドレスや指輪、華やかに着飾った参列者、祝福の言葉とご両親の涙……。一般的なイメージとしては、そんなところでしょう。多くの女性たちが結婚に憧れるのも、晴れの舞台の主役として、きらびやかに輝く自分を想像するからではないでしょうか。

ぼくは以前から、そうした考え方には違和感を持っていました。これまでに繰り返しご説明してきた通り、結婚式とは、神様の前で行う誓いの儀式であり、荘厳な美しさはあっても、派手な演出など無縁だからです。今、「結婚式」としてとらえられているのは、ほとんどが披露宴のことなのです。

スピリチュアル・ブライダルでは、こうした結婚式と披露宴の違いを、はっきり認識していただきたいと思います。宴会の席である披露宴と混同されては、結婚式の意味が見失われてしまいます。逆に、一生に一度の記念となる披露宴では、堅苦しいことはいわず、あなたの理想通りのパーティーにすればいいのです。結婚式と披露宴を区別し、メリハリをつけることによって、それぞれがいっそう思い出に残る経験になるはずです。

結婚式の場合は、神事であるという基本さえしっかりと押さえておけば、何事もスムーズに運びます。儀式の手順などは、式場の担当者や神職が、事前に説明してくださるので、問題はありません。新郎新婦は、神様と向き合うのにふさわしいだけの心身の準備を整えて、式に臨めばいいのです。

式の前夜までは、すでに具体的な方法をご紹介してきましたので、ここからは、結婚式当日の心構えをお教えしましょう。スピリチュアル・ブライダルならではの、とても効果的なやり方です。

結婚式と披露宴をはっきりと区別し、
その意味が見失われないようにしましょう。

Lesson 1

スピリチュアル・ブライダル　感動の結婚式

結婚式で守られるよう、氏神様と守護霊に結婚のご報告をして。

ぼくは以前、結婚の決まった女性から、「結婚式を上手に乗り切るための、何かおまじないを教えてほしい」と頼まれたことがあります。結婚式で失敗をしないように、あるいは、人生で最も美しい自分でいられるように、気持ちの支えになるようなものがほしかったのでしょう。

残念ながら、ぼくは、その希望には応えら

れませんでした。神聖な神事に臨むにあたって、小手先のおまじないなど、意味を持たないからです。さらにいうと、おまじないに頼るような発想そのものが、結婚式にはふさわしくないと思うのです。

ただどうしても結婚式で緊張しないように何かのお力で守っていただきたいと考えるのなら、氏神様にお願いするのが一番です。結婚式の当日、早く起きて、氏神様に参拝するのです。今までご加護をいただいたお礼を述べ、結婚のご報告をし、新しい生活においてもお守りいただけるように心から祈願しましょう。そうすれば、きっと平静な気持ちで、結婚式を迎えられるのではないでしょうか。

さらに、自分の守護霊にも、ご挨拶を欠かしてはいけません。守護霊は、あなたを常に見守り、導いてくださる大切な存在。スピリチュアル・ブライダルは、あなたの守護霊と相手の守護霊が、縁を結ぶことでもあるので、霊的なつながりを大切にしましょう。

氏神様が遠くにあるのなら、心の中で頭をたれるだけでもかまいません。守護霊へのご挨拶も、決まった形はありません。要は、そうした気持ちが求められるということです。

Lesson 2

スピリチュアル・ブライダル　感動の結婚式

和装の花嫁衣裳は、心身を守ってくれる神事のための式服です。

一時期、ウエディングドレスを着るときに、青いものを身につけるのが流行したことがありました。欧米の習慣である、「サムシングブルー」に影響されたからです。

欧米では、結婚式のときに四つの「サムシング」を身につけると、幸せになるといわれています。新しいものである「サムシングニュー」、古いものである「サムシング オールド」、借りたものである「サムシング ボロー」、そして青いものである「サムシング ブルー」です。ほかの三つは、日本ではほとんど定着しませんでしたが、ブルーだけは人気を呼びました。イメージ的に美しく、ロマンティックだったからかもしれません。

日本の場合、和装の結婚式では、特別な「サムシング」は必要ありません。胸元の守り刀に代表されるように、花嫁の身を守るための品々が、すべて組み込まれているからです。和装の花嫁衣裳は、単に美しいだけでなく、神聖な儀式に臨むための式服でもあるのです。

華やかさからウエディングドレスを選ぶ人が少なくありませんが、日本人にふさわしいのは、やはり和装だと思います。神前結婚式の素晴らしさを、改めて見直してみてもいいのではないでしょうか。

ちなみに、ウエディングドレスを着てチャペルで結婚式を挙げたいという人には、小さなものでいいので、水晶を身につけることをお勧めします。水晶には、その場を浄化し、心身を守るパワーがありますので、花嫁のお守りにするには、ぴったりのパワーストーンなのです。

Lesson 3

スピリチュアル・ブライダル　感動の結婚式

二人の決意を伝える誓いの言葉こそ、結婚式のハイライト。

　結婚式のハイライトともいえるのが、神様の前で唱える誓いの言葉です。スピリチュアル・ブライダルにふさわしく、崇高な結婚式にするためには、やはりその意義を知っておくべきでしょう。

　とはいえ、誓いの言葉そのものには、特別な意味はありません。スピリチュアル・カウンセラーになる以前、ぼくは神社に奉職しており、何度も結婚式を挙げました。ホテルの結婚式場から呼ばれて、いわば神主のアルバイトをしていたのです。そのとき、ぼくが唱えていた祝詞は、「神様、この二人をよろしくお願いいいたします」というようなものでした。大切なのは、誓いの言葉や祝詞の形式ではなく、そこに込められた思いです。

日本という国は、もともとスピリチュアルな儀式を大切にしてきました。お宮参りも、七五三も、十三参りも、年齢を重ねるごとに成長をご報告し、さらなるご加護をお願いするための節目です。それだけに、大切な結婚式に臨むなら、いっそう心をこめて神様に語りかけましょう。

お金がなくて、結婚式が挙げられないというのなら、二人で神社にお参りをするだけでも十分です。祝詞もなく、定型の誓いの言葉を述べられなくとも、気持ちは伝わります。例えば、「この人と結婚いたします。愛を学ぶために努力いたしますので、お導きくださいい」とお伝えすれば、これ以上ないほど立派な誓いになるでしょう。神主さんに教えられた言葉でも、自分自身の言葉でも、それを輝かせるのは、二人の決意なのです。

優雅な披露宴

HAPPY WEDDING STYLE 2

結婚を決めた女性にとって、もっとも心躍るのが、披露宴の準備では？ここでは、ガラリと趣向を変えて、ぼくが考える披露宴の演出法をについてアドバイスしましょう。スピリチュアル・ブライダルならではの、心に残る「最高の披露宴」を実現してください。

神聖な儀式である結婚式とお祝いの席である披露宴。そのメリハリが感動を呼ぶのです。

結婚式は、二人が新しい絆を結んだことを神様にご報告する、とても神聖な儀式です。そこには余計な演出も必要ないし、華美な装飾も無用です。敬虔な気持ちで、厳かに神様の前にぬかずけば十分なのです。

一方、結婚式の後に行われる披露宴は、二人が結ばれ、神様の前で誓いをしたことを、人々に報告するためのもの。「披露宴」という言葉そのままに、披露のための宴席です。

神様に向けた儀式なら、威儀を正さなくてはいけませんが、人間を相手にするのですから、自分たちの望むように、楽しいパーティーにしてもいいでしょう。

自由なだけに、どんな披露宴を行うかによって、新郎新婦だけでなく、ご両親の品性まで透けて見えます。節度を守りながらも、型にはまらない演出で、招待客をおもてなししましょう。

心構え編

ご両親のための配慮こそ何よりも大切な演出のはず。意見が対立したときは、新郎新婦が譲りましょう。

招待客について

改めて申し上げますが、披露宴とは、神様の前で結婚の誓いを行ったことを、お招きした方々に披露するためのものです。スピリチュアルな儀式である結婚式とは別のものですので、堅苦しく考える必要はありません。

同時に披露宴は、それまで育ててくださったご両親に感謝し、「立派に巣立っていった自分」を示す場でもあります。親御さんのなかには、披露宴での晴れ姿を楽しみにして、子育てをしてきた人もおられるかもしれません。「無事に嫁ぐまでが親の責任」という考え方は、現代でも普遍的なものではないでしょうか。

ぼくがお願いしたいのは、だからこそ、自分たちのことは二の次にしてでも、ご両親に配慮してほしいということです。若い二人と年配のご両親では、何かと意見の対立する場面も多いでしょうが、そのときは、基本的にご両親の意向を重視するべきなのです。

披露宴の招待客でも、よくトラブルが起こります。たいていの場合、披露宴の招待客には人数に制限がありますから、どなたをお呼びするのか、招待客の選定はむずかしい作業です。新郎新婦が招きたい人と、ご両親が招きたい人とが大きく食い違い、お互いに気まずい思いをするケースも少なくないでしょう。

そんなとき、スピリチュアル・ブライダルを目指すあなたなら、迷わずにご両親の招きたい人を選びましょう。自分が一度も会ったことのない、ご両親の仕事先の関係者だったとしても、心から喜んでお呼びするのです。あなたの晴れ姿を見せたいと、ご両親が望んでいる人こそ、誰よりも優先されるべき招待客のはず。親しい友人とは、二次会で盛り上がればいいだけのことです。

披露宴のプログラムにしても、ご両親のお気持ちを中心に考えるべきです。ありきたりではありますが、新郎新婦の子供時代を振り返るスライドショーなどは、喜ばれると思います。逆に、参列者が幼稚な被り物をしたり、笑いをとろうとして下着姿になったりするのは、ご両親に対して失礼です。くれぐれも下品な披露宴にしないように、大人としての慎みを持った、優雅なパーティーを目指してください。

引き出物について

披露宴に列席した方々に、どんな品物を贈るのか。引き出物の選択には、とりわけ新郎新婦のセンスが問われます。芸能人の結婚式などで、引き出物の内容が詳しく紹介されるのも、それだけ注目されているからでしょう。悩みに悩んだ末、無難な品物に落ち着いてしまい、不満を感じながら、結婚式を迎える人もいるかもしれません。

日本では、何かにつけて縁起を担ぐ傾向があります。例えば、大安の挙式にこだわり、仏滅を避けるという考え方は、ごく一般的なものです。半年前から予約しないと、大安の日は結婚式場が取れないのに、仏滅だとガラガラに空いている……などというのも、一生に一度の結婚式らしい情景でしょう。

実際には、結婚式や披露宴の日取りに関して、スピリチュアルな意味でのタブーはありません。そもそも神道には仏滅はないので、何もこだわらなくてもいいのです。流行のナイトウエディングは感心できませんが、これは結婚式が神様の儀式だから。神社の参拝と同じように、日の昇っている時間に行っていただきたいだけで、披露宴は夜でもかまいません。

引き出物についても、やはり縁起を担ぐ必要はありません。ぼくが披露宴をプロデュースするとしたら、引き出物のひとつとして、鏡をお勧めしたいと思います。高価なものである必要はありませんし、どんな形のものでもかまいません。ただ、新郎新婦が心をこめて選んだ鏡であれば、それだけで結構です。

ぼくの知る限り、披露宴の引き出物に鏡を選んだ人はいないようです。鏡はいつか割れるものであり、「縁が壊れる」ことにつながるため、縁起が悪いものだと考えられているのでしょう。結婚式のスピーチでさえ、「割れる」「壊れる」といった言葉を使わないように注意されるくらいですから、鏡の引き出物など、タブーに決まっています。

にもかかわらず、ぼくが鏡をお勧めするのは、魔を祓う力を持った、神聖な道具だからです。日本に伝わる「三種の神器」のひとつは鏡であり、神道の儀式では神前に鏡が飾られます。アマテラスオオミカミを象徴するのが鏡である——ともいわれているくらいで、日本人にとってはとりわけ大切なものだといっていいでしょう。

仮に、お贈りした鏡が割れてしまったとしても、縁起が悪いとは思いません。むしろ、魔を祓い、持ち主の身を守ったからこそ、役目を終えて割れていったのです。そう考えれば、鏡ほど引き出物にふさわしい品物は、数少ないように思います。

演出編　感動的な披露宴には欠かせない演出があります。

音楽について

古来、神様の儀式において、音楽はとても大切な役割を果たしてきました。美しい音楽があってこそ、美しい波動が生まれ、その場が美しく清められていくからです。人から神様への捧げ物として、音楽ほど意味深いものは、少ないのではないでしょうか。

結婚式を挙げるときも、音楽は欠かせません。神前では雅楽が奉納され、教会ではコーラスが歌われます。どちらも神様への崇敬や賛美の思いを込めた音楽であり、祈りを天に届けるための神聖な儀式なのです。

一方、パーティーの場である披露宴では、会場の雰囲気を盛り上げる演出として、上手に音楽を取り入れてほしいと思います。会場側で用意された音楽のなかから、適当に無難な曲を選んでいるカップルも少なくないようですが、一生に一度の披露宴ですから、ドレスやリングと同じくらい、音楽にも気を配りましょう。お決まりの『結婚行進曲』でなくても、まったくかまわないので、自分たちの趣味を生かしながら、優美な音楽を流すようにしてください。

ぼくが結婚したときは、贅沢にもプロの歌手の方々にお願いして、ハレルヤコーラスを歌っていただき、その歌声と共に披露宴会場に入場しました。結婚式は神前だったのですが、披露宴は形式にとらわれる必要がないので、思い通りに演出してみたのです。そして、トリを務めたのはぼく自身で、ミュージカル『キャッツ』の名曲である、『メモリー』を歌いました。どちらも通常の結婚式では考えられないような演出だったものの、参列者の皆様には、ひとつのショーとして楽しんでいただけたのではないかと思います。

ぼくにとって、音楽はとても大切ですし、歌を歌うということも、人生のなかで大きな割合を占める要素です。披露宴の演出には、そんな思いも織り込んだつもりです。

音楽が嫌いだという人は、ほとんどいないと思います。自分で歌ったりするのは苦手でも、美しい音楽が流れていれば、それだけで心が豊かになります。どんな音楽を選び、どのように場を盛り上げるのか。思う存分、あなたのセンスを発揮してみましょう。

花束贈呈について

披露宴の定番の演出として、新郎新婦からご両親への花束贈呈があります。さらに、その前に新婦が手紙でも朗読して、涙ながらに花束を手渡せば、いかにも感動的な披露宴になったような気がするものです。

しかし冷静に考えてみると、花束贈呈にはあまり意味がありません。家業が花屋さんだというのならともかく、普通の人たちにとって、花束は単なる飾りでしかないからです。最近は花束の代わりに、新郎新婦が生まれたときと同じ体重のぬいぐるみを贈呈したりするそうですが、これにも特別な意味はないと思います。

花束贈呈で涙を流す人がいるのは、大切に育ててきた子供たちが、結婚という節目を迎えたことに対する喜びや、自分たちの手元から巣立っていくことの寂しさが、一気に思い起こされるからだと思います。つまり、感動的なのは花束やぬいぐるみといった物そのものではなく、むしろそこに込められた思いや、様々な記憶だといっていいでしょう。

それならば、ありきたりの方法にとらわれる必要はありません。あなたからご両親へ、本当に贈りたいものは何なのか。あるいは、どんな品物を贈れば、あなたの感謝の気持ちを表わすのに、もっとも的確なのか。ゆっくりと知恵を絞って、選び出してください。何よりも、そうしてご両親のことを思う時間そのものが、最大の感謝につながるのですから。

また、ぼくとしては、むしろご両親から新郎新婦へ、記念の品物を贈ってみてもいいのではないかと考えています。ご両親から受けたご恩は、花束やぬいぐるみなどで返しきれるものではないので、披露宴では贈呈しない。逆に、「ご両親が新郎新婦に思いを託す」ことを、思いきってプログラムに入れてしまうのです。

ぼくが結婚したときには、両親はすでに亡くなっていました。そこで、ぼくの姉は、両親の思いを伝えるための手段のひとつとして、ぼくの母子手帳を妻に贈ってくれました。ぼくという人間がこの世に生まれ、成長してきた最初の記録を、妻となる人に託したのです。わが姉ながら、素晴らしい演出だったと思います。

家族の歩みを残したアルバムでもいいし、あなたが着ていたベビー服や、母子手帳でもかまいません。ご両親が大切に育てた二人だとわかってもらえるような品物を、ご両親から子供の結婚相手に贈ることで、披露宴がより感動的なものになるのではないでしょうか。

お呼ばれ編　参列者としてうかがう側にも演出が求められます。

服装について

控えめな国民性を持つ日本人は、パーティーが不得意だといわれています。晴れの披露宴だというのに、同じような地味な服装になったり、逆に派手すぎて下品になったり、ついついさじ加減を間違ってしまうのです。華やかでありながら、新郎新婦を引き立てるように装うのは、なかなかむずかしいことのようです。

豪華なホテルで行われる披露宴で、列席した若い女性たちが、揃いもそろって黒いレースやシフォンのワンピースを着ていたので、一瞬、お葬式かと錯覚しそうになった……。そんな笑えない話もあるほど、画一化された服装の人が多いように思います。

逆にいうと、むずかしい選択だからこそ、招待客の服装は、センスの見せどころです。ぼくが結婚したときは、招待客の一人に、驚くような気配りをしてくれた人がいました。そのお客様は、事前にホテルに電話をして、披露宴会場のじゅうたんの色と壁の色を問い合わせたというのです。

壁やじゅうたんの色と同化して、沈み込んでしまわないように。かといって、反対色を着て行って、新郎新婦よりも目立ちすぎたりしないように。さながら、ご自分を会場のインテリアの一部とでも考えて、もっともふさわしい服装を選んでくださったのでしょう。後で、ホテルの人から電話の内容を教えてもらったときには、思わず頭が下がったものです。

そのお客様の場合は、パーティー慣れした上級者ならではの対応ですが、心配りは真似できます。

新郎新婦のお友達として列席するのなら、自分なりに着飾っていきましょう。日本の披露宴では、男性はブラックスーツがほとんどですし、親族の女性も黒留袖が多いので、会場はどうしても地味になります。花嫁を目立たせるという意味では、それも悪くはないのですが、やはり会場の「華」として、若い女性ならではの明るい色合いも必要ではないでしょうか。

肌を露出したドレスや、ケバケバしく下品な衣裳を避けながら、美しく装いましょう。新郎新婦やご両親にとっても、お友達が披露宴に華やかさを加えてくれることは、何よりうれしいお祝いになると思います。

お祝い品について

披露宴に招かれた場合、祝福の気持ちを込めて、何らかのお祝いを差し上げます。披露宴の場所を参考にしながら、お祝い金をお包みするのが一般的ですし、実際、それが実用的でしょう。自分で考えたお祝いの品を贈っても、心から喜んでもらえることはめったにありません。

ぼく自身、日本流のお祝い品は、あまり好きではありません。仮に「何がほしい?」と聞かれても、はっきりと本音をいえる人が、どれだけいるでしょうか。たいていの場合は、遠慮して言葉を濁した結果、列席者が自分の趣味で品物を選ぶことになります。しかも、お祝いに適した品物は限られていますから、どうしても同じようなものが重なってしまうわけです。

ぼくが結婚したときも、たくさんのお祝い品を頂戴しました。その結果、いったいどれだけの数のコーヒーカップが集まったことか! コーヒーメーカーにしても、ひとつあれば十分なので、二つ目からは無駄になってしまいます。贈っていただいた気持ちはうれしくても、あまりに重なってしまうと、使えずに終わり、もったいないのです。

現金ではなく、何らかの品物を贈るのなら、欧米流の合理主義を取り入れてほしいと思います。

欧米では、メーカーまで指定して、新郎新婦がほしいもののリストを作ります。そして、そのリストがお店に張ってあり、友人たちが買い揃えるたびに、印をつけていくのです。新しい生活を始める二人にとって、とてもメリットのある方法ではないでしょうか。

あなたが新郎新婦の親しい友人なら、代表になって「ほしいものリスト」を作ってあげたらどうでしょうか。友達と連絡を取り合い、新郎新婦が本当に必要としている品々を贈るよう、手助けをするのです。二次会の幹事を引き受けるよりも、よほど友情の証になる行動だと思いますよ。


また、あなたが経済的に苦しい状況にあるのなら、無理にお祝いを贈らなくてもかまいません。親しい友人から招待を受けたのに、お金がなくて出席できないような場合は、事前にお手紙を出したらどうでしょうか。「ご招待はうれしいし、是非とも出席したいのですが、今は経済的にむずかしいのです。余裕ができましたら、改めてお祝いさせていただきますので、披露宴に列席させていただいてよろしいでしょうか」といった具合です。

友人からそんな手紙をもらったら、ご両親も友人も、感激して出席を勧めてくれるでしょうし、それで嫌な顔をするような人たちなら、無理にお祝いの席に行くことはありません。

幸せを呼ぶ

スピリチュアル・ストーン

誕生石にこだわるより、カラーに秘められた石のパワーを知って。

いつの時代からか、結婚の約束が結ばれた証として、女性にエンゲージリングが贈られるようになりました。長い年月、大地に抱かれてきた宝石には、神秘的なエネルギーが宿っているもの。婚約者に捧げる記念の贈り物として、なるほど、ストーンほどふさわしいものはないでしょう。

ただ、一般にいわれているように、誕生石にこだわる必要はありません。むしろ、ストーンが持っている色にしたがって、

エンゲージリングを選んでみてはどうでしょう。オーラカラーといって、それぞれの色は、固有にスピリチュアルな意味を持っています。物質的な価値観にとらわれて、いたずらに高価な宝石をほしがったり、誕生石だという理由だけで、自分の願いにそぐわない色を身に付けたりしていたのでは、石のパワーを受けることはできないのです。

ここでは、石のなかでも、特にスピリチュアルなカラーを持つものを選んで、その意味合いをお教えします。金額や石の大きさではなく、あなたにとってのスピリチュアル・ブライダルに結びつくような、「あなたのためのカラー」に輝く宝石を、指に飾ってほしいと思います。

心身を浄化したいとき

「光」ダイヤモンド

本章でも触れていますが、ダイヤモンドは崇高で力強いパワーを持った石です。魔を祓い、心身を浄化する作用がありますので、大切な婚約者を守護するという意味では、これほどエンゲージリングにふさわしい宝石はないでしょう。

ただし、あまりにも崇高であるがゆえに、ダイヤモンドは身に付ける人を選びます。大きなダイヤモンドにふさわしいのは、年齢と共に経験と感動を重ね、落ち着きを身に付けた大人の女性だけ。若い人には、ほんの小さな輝きで十分です。

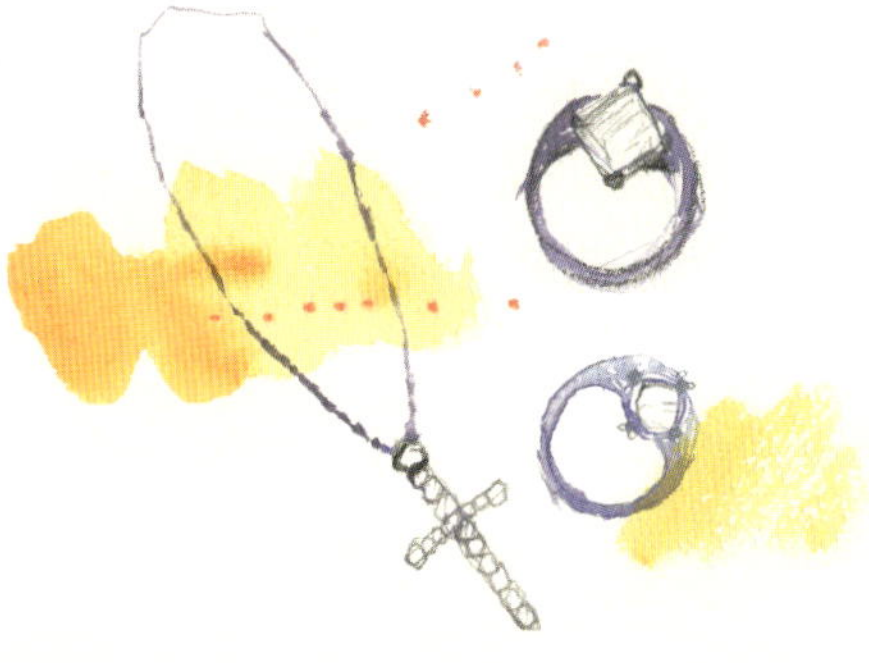

対立を避けたいとき

「透明」水晶

スピリチュアル・ストーンの代表格ともいえるのが、無色透明な水晶です。ダイヤモンドと同じように、空間そのものを浄化する力があり、その場の「澱み」を祓ってくれます。自分自身をパワーアップさせたいと願っている人は、水晶を手にすることによって、良い波動を感じやすくなるでしょう。

恋人とケンカが絶えない——という人には、水晶のアクセサリーを身に付けることをお勧めします。水晶の持つ「安定」の力が、対立を防いでくれるかもしれません。

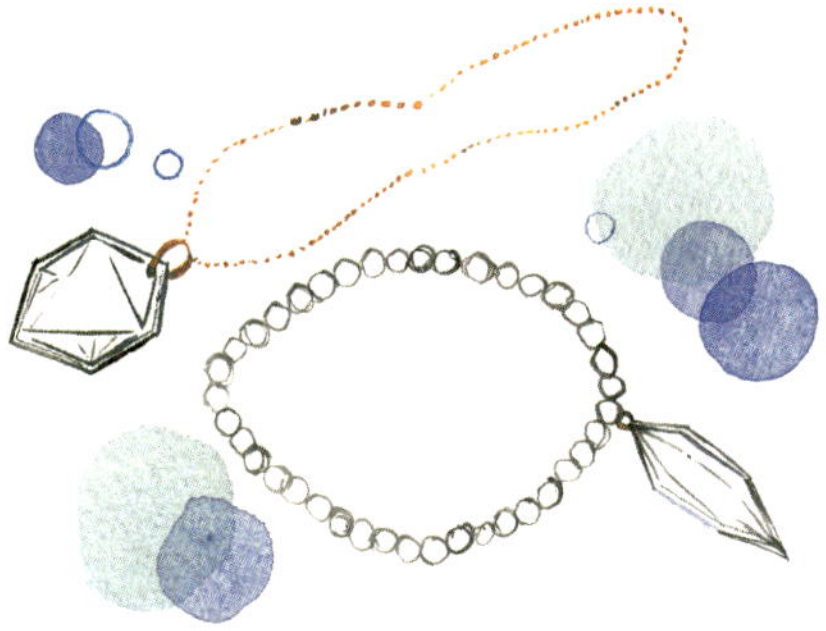

「緑」エメラルド

エメラルドの美しい緑色は、「癒し」と「平和」の象徴です。スピリチュアル・ストーンは、多かれ少なかれ癒しのパワーがあるものですが、エメラルドは特にヒーリング効果の高い石だといえるでしょう。

結婚を考えている人は、相手の目に付きやすいように、イヤリングやピアスとして身に付けてください。心身ともにリラックスした状態で交際が進み、結婚につながるような安定した穏やかな関係が築けるでしょう。

愛を育てたいとき

「ピンク」

ローズクオーツ
ロードクロサイト・ロードナイト

やわらかなピンク色は、まさに恋人たちの色です。愛を求め、愛を育てていきたいと考えている人には、ピンクに輝く石が力を貸してくれるでしょう。

ピンク色の石には、ロードクロサイトやロードナイトなど、稀少なものが多いのですが、ローズクオーツなら一般的に手に入ります。「無償の愛」を意味するローズクオーツの効果で、恋人同士の愛を深めたり、嫉妬の感情を抑えたりできるはず。石を見つめることで、純粋な気持ちを取り戻しましょう。

相手を理解したいとき

「白」ムーンストーン

古来、神秘的な力を持つ石と伝えられ、予見者が未来を見通すときの助けにしたといわれているのが、乳白色のムーンストーンです。さながら天空で輝く月のように、やわらかな輝きが多くの人を魅了してきたのです。

ムーンストーンの白には、インスピレーションを豊かにする作用があります。相手の心を理解し、気持ちを通わせたいと思ったときに、大きな効果を発揮するはず。恋人を理解しあいたい人は、ムーンストーンに注目してみましょう。

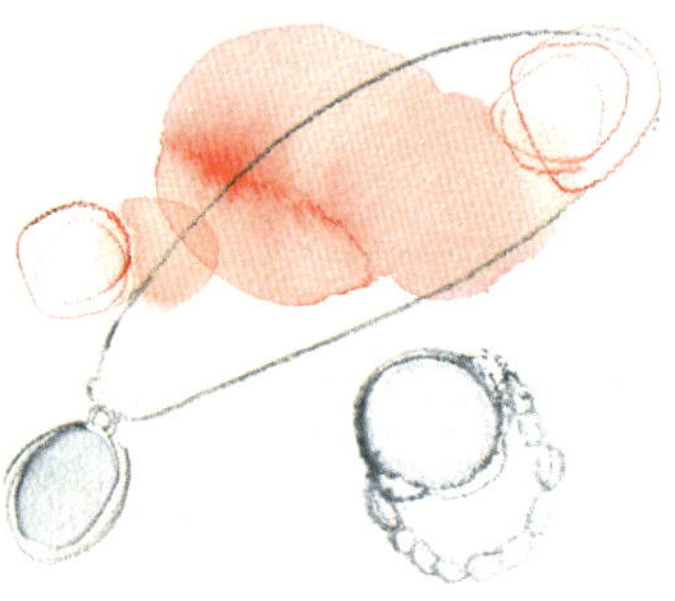

勇気を持ちたいとき

「赤」ルビー

スピネル・ガーネット

赤は情熱の色。身に付けた女性の魅力を高め、結婚相手とするにふさわしい、成熟した輝きをアピールしてくれます。スピネルやガーネットなど、赤い石のパワーを借りて、自分自身を演出しましょう。

また、赤のなかの赤ともいえるルビーは、激しい情熱の証であり、大きな勇気を授けてくれるものです。告白したい相手がいる人は、ルビーの情熱をもって決意を固め、運命の恋を手繰り寄せてください。

人をひきつけたいとき

「黄」タイガーアイ

トパーズ・シトリン

黄色は古代から高貴な色とされており、人をひきつける効果があると考えられてきました。例えば、虎の目のような模様を持つタイガーアイは、その鋭い輝きで求心力を発揮し、石を身に付けた人の発言にインパクトを与えてくれるのです。普段はバッグのなかにしのばせ、ここ一番の勝負のときに身に付けるようにすれば、「押しの一手」になります。

トパーズやシトリンなど、やわらかな黄色の輝きを持った石も、あなたの魅力をアップさせてくれることでしょう。

冷静になりたいとき

「青」ラピスラズリ

青のカラーは、「冷静」や「叡智」を表わします。深い青色を持ったラピスラズリは、あなたの心を落ち着かせ、眠っている叡智を呼び覚ましてくれる効果があります。

何かに迷い、答えを見つけ出したいと思ったときには、ラピスラズリをじっと見つめて、語りかけてください。本当に結婚を決めていいのか、スピリチュアル・ブライダルに絶対に必要な内観の時間にも、あなたを正しい方向に導いてくれる、貴重な道しるべになるでしょう。

「紫」アメシスト

「冷静」の青と「情熱」の赤を、バランスよく融合させたのが、紫という色です。それだけに、澄んだ紫色を持つアメシストは、調和をもたらす石として、スピリチュアルな役割を果たしてきました。

アメシストには、深い「慈愛」や「優しさ」、「思いやり」などのパワーもありますので、家庭内の人間関係を円満に保つお守りとしては、最適な石だといえるでしょう。恋人や婚約者と諍いを起こしたときは、紫の輝きが処方箋になるのです。

純粋になりたいとき

「水色」アクアマリン

清々しく優しい色合いの水色は、美しさを磨くパワーを持っています。まるで少女のような、純粋な清らかさを得ることで、恋の相手としていっそう魅力的な存在になれるのではないでしょうか。特に、新しい恋を始めたいと願っている人には、アクアマリンのアクセサリーがぴったりです。

スピリチュアルな意味でいうと、水色のアクアマリンは「清めの石」になります。体調不良のときには、アクアマリンによって心身を浄化し、悪いエネルギーを祓いましょう。

Stone Catalog

よく知られている誕生石にも、実は様々なカラーを有しているものがあります。誕生石にこだわる必要はありませんが、選択肢として知っておくとよいでしょう。

1月
ガーネット／柘榴石＝赤・緑・オレンジ

2月
アメシスト／紫水晶＝紫

3月
アクアマリン／藍玉＝水色・青・白
ブラッドストーン／血石＝緑＋赤
コーラル／珊瑚＝赤・オレンジ

4月
ダイヤモンド／金剛石＝光
クリスタルクオーツ／水晶＝透明

5月
エメラルド／緑柱石＝緑
ジェイド／翡翠＝緑・ピンク・赤・青・黄・黒

6月
パール／真珠＝白・ピンク・黒
ムーンストーン／月長石＝白・ピンク・緑

7月
ルビー／紅玉＝赤
カーネリアン／紅瑪瑙＝赤

8月
ペリドット／かんらん石＝緑
サードオニクス／赤縞瑪瑙＝赤＋白

9月
サファイヤ／青玉＝青・黄・緑・紫

10月
オパール／蛋白石＝白・青・黄・透明
トルマリン／電気石＝黒・青・赤・紫・水色・黄・緑

11月
シトリン／黄水晶＝黄
トパーズ／黄玉＝黄・ピンク・水色・緑

12月
ラピスラズリ／瑠璃＝青
ターコイズ／トルコ石＝水色・緑

江原啓之　えはら ひろゆき

1964年東京都出身。スピリチュアル・カウンセラー。世界ヒーリング連盟会員。和光大学人文学部芸術学科を経て國學院大学別科神道専修II類修了。滝業、修験道の修行を重ね、北澤八幡神社に奉職。1989年、英国で学んだスピリチュアリズムも取り入れ、スピリチュアリズム研究所を設立。雑誌、テレビ、出版、講演などで活躍中。また、スピリチュアル・アーティストとして、第2弾CD『スピリチュアル・エナジー』(ソニー・ミュージックダイレクト)をリリース。主な著書に『スピリチュアル・サンクチュアリシリーズ　江原啓之神紀行4　九州・沖縄編』『眠りに潜む　スピリチュアル・夢ブック』『スピリチュアル・オーラブック basic』(いずれも小社刊)などがある。

公式HP　http://www.ehara-hiroyuki.com/
携帯サイト　http://ehara.tv/

※　現在、個人相談は休止中です。お手紙などによるご相談もお受けしておりません。

運命の赤い糸をつなぐ
スピリチュアル ブライダルブック

2006年8月23日　第1刷発行
2006年9月19日　第3刷発行

著者　江原啓之

発行者　石﨑 孟
発行所　株式会社マガジンハウス
〒104-8003
東京都中央区銀座3-13-10
電話　書籍営業部　03(3545)7175
書籍編集部　03(3545)7030
印刷・製本　東京書籍印刷株式会社
装幀　細山田光宣・岡 睦
表紙ロゴマーク&イラスト　添田あき
本文イラスト　平野瑞恵
写真　東 泰秀

ISBN4-8387-1706-7 C0039
乱丁・落丁本は小社書籍営業部宛にお送りください。
送料小社負担にてお取り替えいたします。
定価はカバーと帯に表示してあります。